コロナ禍でもボロ儲け！

税金ビジネスの正体

元国税調査官
大村大次郎

ビジネス社

まえがき

我々の税金がどこにどういうふうに使われているか、あなたはご存じだろうか？

「多少の無駄遣いはあっても、おおむね国民のために使われているはず」

多くの国民はそう思っているだろう。

しかし、**その考えは甘すぎる**。

今、日本の税金は、「多少無駄遣いされている」という生易しいものではない。税金の大半が、**「税金ビジネス」**による「汚い利権」によって浪費されているのだ。

国民のためにはほとんど使われていない。

わかりやすい例を挙げたい。

日本は、80年代から現在まで、世界一の公共事業大国である。90年代から2000年代はGDP比にして先進国平均の2倍以上、現在でも先進国で最大レベルの公共事業費を支出している。

にもかかわらず、日本の社会インフラはボロボロなのだ。

首都圏の道路の整備状況、大河川の防災整備、下水道の普及状況、電柱の地中化など、生活の基盤となるインフラが途上国並みなのである。

その結果、自然災害による死者数（人口比）が常時、世界のトップ10の中に入っているのである。アフリカの過酷な自然環境や、アジアの劣悪な環境で暮らしている地域よりも、災害死者数が多いのである。いくら日本に自然災害が多いとはいえ、これはひどすぎる。

日本の巨額の公共事業費は一体、どこに使われたのだ？　という話である。莫大な公共事業費は、**税金ビジネス**によって空費されてしまったのだ。

また空費されているのは、公共事業だけではない。

現在、日本の予算の中でもっとも大きな支出は**社会保障関連費**である。この社会保障関連費の中でもっとも大きい支出項目は「医療費」なのである。日本は世界と比較して「精神病院」と「開業医」が、異常に多い。精神病院の世界全体の病床の5分の1を日本が占めているほどなのだ。日本人に精神疾患の割合が多いというわけではない。「精神病院」と「開業医」が巨大な利権を握っており、医療費の多くを費消しているということなのである。

そして、これらの**「税金ビジネス」**は、新型コロナ禍によって、さらに膨れ上がっている。税金ビジネスは、予算の規模が大きくなればなるほど養分が多くなるからだ。

２０２０年度の歳出は新型コロナ対策などの補正予算により、１６０兆円という巨額なものになった。また２０２１年度の予算も、現段階ですでに１００兆円を超えている。

これによって税金ビジネスが、また大きく膨張してしまう。

本書で述べていることは、筆者が独自に取材した内容はほとんどない。

ほとんどは公的機関などが公表したデータや、すでにメディアで報じられた事象をもとにしている。だから、本書の内容に疑問を持たれた方は、すぐに真偽を確認できるはずだ。

本書に書かれていることは、多くの人にとって信じがたい、頭を抱えるようなものだと思われる。筆者もこれを書きながら気分が悪くなったほどである。これを読むのは、精神的にシンドイかもしれない。

しかし、これが日本の現状なのである。

我々は目を背けるわけにはいかないのだ。

まえがき 3

第1章 1000兆円はどこへ消えた？

税金をもっとも貪っている者 14
日本の公共事業は今でも異常に多い 18
世界一の公共事業費なのに社会インフラは途上国並み 20
世界に大きく遅れる堤防整備 23
集中豪雨地域の公共事業費を削減するという愚 25
豪雨被害地より首相の地元の公共事業を優先 28
広島県の集中豪雨被害は人災である 31
住宅整備費はどこに消えた？ 32
首都圏の道路もまともに整備していない 34

地方の下水道普及率はアフリカ並み　37
電柱の地中化も世界に大きく遅れをとる　40
莫大な公共事業費はどこに消えた？　44
日本の公共事業は景気対策にさえなっていない　46
巨額の財政赤字の原因は社会保障費ではない！　48

第2章 税金を喰う怪物たち

わかりやすい利権政治家・二階俊博氏　54
疑惑だらけの人　56
中国外交も利権になる　59
和歌山県にはパンダが6頭もいる　60
時の権力者と上手にやっていく　62
集金力は自民党でナンバー1　67
和歌山県の公共事業が激増　69

予算委員長の地元に公共事業が集中するという凶行　72
しかし和歌山県は限界集落に　75
国土強靭化推進本部の本部長という悪いジョーク　77
政治センスのないミニ田中角栄　80

第3章 持続化給付金で本当に儲けた奴ら

持続化給付金は天下りの温床　84
そもそもなぜ給付金業務を民間に委託するのか？　88
大量の不正受給が発生するのは当たり前　91
諸悪の根源「キャリア官僚」とは？　93
キャリア官僚は生涯で10億円稼ぐ　96
天下り企業に流れる巨額の税金　98
官僚のもう一つの巨大利権　100
「国の業務委託」は官僚の利権の温床　102

第4章

竹中平蔵氏の〝史上最悪の天下り〟

天下りの巣窟「パソナ」とは？ 106
前代未聞、「大臣の天下り」 108
パソナへの露骨な利益誘導 111
続・疑惑だらけの人 113
マクドナルド未公開株でボロ儲け 118
ミサワホーム乗っ取り問題 120
税金は払うものではなく、もらうもの 123
日本人の賃金を下げた張本人 125
国民は賃下げに苦しめられてきた 132
日本に格差と貧困をもたらした 135
デフレを解消するために国民生活を犠牲にする愚 140

第5章

開業医と精神病院の税金ビジネス

一部の医療関係者が巨額の税金を喰っている　144
「病院数」と「病床数」は世界一なのに……　149
医療費の多くが「開業医」に流れる仕組み　152
日本は世界有数の「医療費が高い国」　155
日本最強の圧力団体「日本医師会」とは？　158
なぜ日本は寝たきり老人が多いのか？　160
生活保護を食い物にする病院たち　162
開業医の子供ばかり医者になる　165
病院は多いのに医者は少ない理由　166
精神病院という税金喰い　168
なぜ精神病院は儲かるのか？　171
精神病患者は「簡単につくる」ことができる　173
精神病院の危ないビジネス・スキーム　174
精神病院の悪徳ビジネスが国民全体の生活を苦しくする　177

第6章

少子高齢化は人災である

「少子高齢化は人災である」 182
非正規雇用の増大が少子化を加速させた 185
消費税は子育て世代がもっとも負担が大きい 186
児童手当は焼け石に水 188
子育て世代への大増税 189
なぜ待機児童問題は20年以上解決されないのか？ 191
国公立大学の授業料は40倍に高騰 195
「米百俵の精神」と真逆だった小泉内閣 198

あとがき 201

第1章

1000兆円はどこへ消えた？

税金をもっとも貪っている者

「税金をもっとも貪《むさぼ》っている者」

を挙げるとすると

「利権政治家に群がる業者たち」

ということになる。

政治家が国の公共事業などを地元に引っ張ってきて、自分の支援者などに与える。そういう利権事業者たちが、まず税金でもっとも儲けているものということになる。

国会議員の支援者には、建設業者が多い。建設業者自身が県議会や市議会の議員を務め、国会議員の有力な集票マシーンとなっていることもかなりある。彼らと政治家が持ちつ持たれつの関係になっているのだ。

「そういうやつがいるのは知っているし、いけないことだとは思うけど、税金の一部を抜き取っているくらいだろう」

と思っている人も多いはずだ。

しかし、彼らは冗談では済まされないほどの税金を抜き取っているのである。「ピンハネ」という言葉は、賃金の1割を抜き取ることを指すが、彼らの場合は**「半ハネ」**か、もしくはそれ以上の税金を抜き取っているのである。

はっきり言って日本の税金の大半は、利権政治家とそれに群がる業者たちにネコババされているのである。

もちろん税金を抜き取るといっても、横領するわけではない。さすがにそれをしてしまえば、明白な犯罪である。

彼らのやり方は一応、国が事業を発注するという形にはなっている。

しかし、その事業は「まったく必要ないもの」であり、しかも「異常な好条件」なのである。だから、そういう業務を請け負った業者たちは濡れ手に粟《あわ》で巨利を得ることができるのだ。

公共事業に関しては、80年代から90年代にかけて「多すぎ」として社会的に厳しく非難された。そのため、2000年代の中ごろからは大幅に削減された。

が、最近では、「公共事業が削減されたから日本は不景気になった」と主張する経済評論家なども出てきた。

今でも公共事業に関しては「多すぎる」「少なすぎる」という議論がよく交わされる。

しかし公共事業の質については、あまり議論されることがない。

日本の「公共事業の質」を見たとき、そのお粗末《そまつ》さは言語を絶するほどである。国民が想像する以上に、日本の公共事業というのは、ずさんで無計画で無駄が多すぎるのである。

そして日本は世界に類を見ないほどの巨額の公共事業を行っておきながら、先進国ではありえないほど**社会インフラがボロボロ**なのだ。

それは、日本の公共事業は、「利権」が軸になって行われているからだ。


建設業者というのは国会議員の支持者を集めるだけではなく、政治資金も提供する。

昨今では政治資金規正法などにより、直接の政治献金はそれほど多くはない。しかし、政治家のパーティー券を組織的に購入するなどして、政治家を支えているのだ。現在、有力政治家の多くは、パーティー券を資金源としている。そしてパーティー券の最大の顧客は、「建設業界」なのである。

日本の政治家の半数近くは、**建設業者によって食わせてもらっている**と言ってもいい。

政治家は公共事業を誘致して建設業者を潤す、建設業者はパーティ券を購入して政治家に還元する。こういう食物連鎖が完全にでき上がっているのだ。

そして公共事業の受注は、政治家にコネがあるものや地域の有力者を中心に行われる。そこには「事業の必然性」などはまったく配慮されていない。ただただ何か理由をつけて公共事業を引っ張ってくるのである。

特定の地域、特定の分野の公共事業だけが繰り返し行われることになる。だから「巨額の公共事業費を使っていながら、日本のインフラは途上国並み」という事態に陥っているのである。

筆者は、この原稿を書くとき、気分が悪くなるほどである。

おそらく、これから読まれるみなさんの中にも、気分が悪くなる人もいるだろう。が、これが日本の現実なのである。

国民として目をそらすわけにはいかないのだ。

日本の公共事業は今でも異常に多い

まず最初に現在の日本の公共事業費は多すぎるのか、少なすぎるのか。その点について、はっきりさせておきたい。

現在の日本の公共事業費は、90年代に比べて大幅に削減されたのは確かである。

では現在の公共事業の額は、世界的に見て多いのか少ないのかというと、「間違いなく多い」のである。

次の表を見てほしい。GDPにおける公共事業費の割合を先進諸国で比較してみると、イギリス、アメリカは2%台、ドイツなどは1%台である。4か国の中でもっとも多いフランスより、日本のほうがさらに大きい。しかも日本の場合、これでも大幅に削減しているのだ。

90年代前半にはGDPの6%を超える年もあったのである。防衛費の5倍近い税金が公共事業に投じられていたのだ。

また詳しくは後述するが、日本は90年代から2000年代にかけて国と地方合わせて総額650兆円にも上る公共投資を行った。バブル崩壊から現在までの間に、日本は

2013年の先進諸国のGDPに占める公共事業費

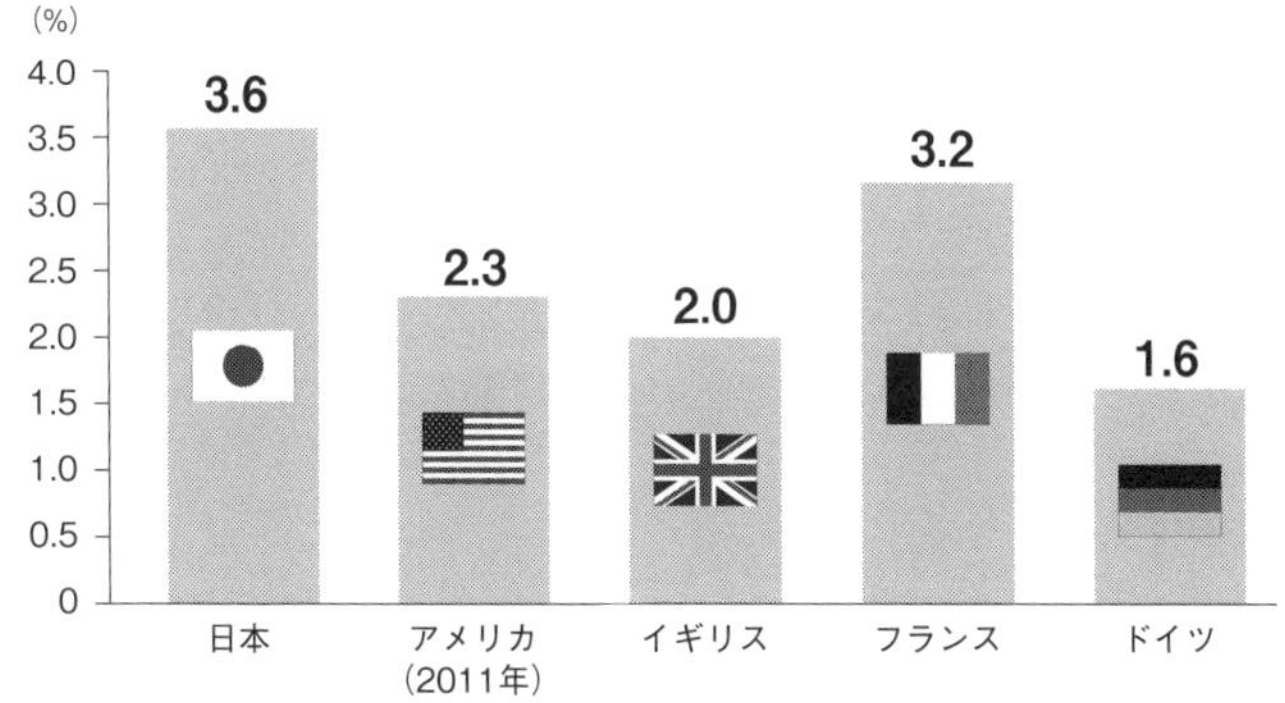

中小企業白書(2019年)から作成：デービッド・アトキンソン氏・VOICE20年7月号

1000兆円近くの金を公共事業につぎ込んでいるのだ。こんな巨額の公共事業を行った国は他にはない。

確かに、かつてのバカ高い公共事業費に比べれば、昨今の公共事業費は大幅に削減されている。しかし「90年代に比べれば少ない」というだけの話であって、絶対数としては今でも大きいのだ。つまりは、

・日本の公共事業費は今でも先進国で最大レベルであること

・しかも90年代には今よりも2倍以上の莫大な公共事業を使っていたこと

ということを、まず念頭に置いておいていただきたい。

その上で、日本の公共事業の内容のお粗末さを我々はこれから見ていかなければならないのだ。

世界一の公共事業費なのに社会インフラは途上国並み

そして我々が知らなくてはならないのが、日本の社会インフラのボロボロさである。日本は巨額の公共事業を行ってきたにもかかわらず、途上国並みのインフラなのである。というより、途上国以下の部分も多々あるのだ。

「日本は自然災害の多い国だから、公共事業が多いのは当たり前」

と思っている人も多いだろう。

しかし日本の巨額の公共事業は、災害防止の役には立っていないのだ。

次の表を見てほしい。これはＷＨＯが発表した２０１１年から２０１５年までの人口10万人あたりの自然災害の死者数のランキングである。残念なことに**日本は世界のワースト2位**となっているのだ。

ソロモン、ミクロネシアなどの小島国家やカンボジア、南スーダンなど、インフラ整備が明らかに遅れている国などよりも日本は自然災害の死亡率が高いのだ。

このＷＨＯの報告は２０１１年の東日本大震災の死者を含んでいる。

「日本は地震が多いから災害者犠牲者が多いんだ」と思って自分を納得させている日本人も多いだろう。

が、日本の災害犠牲者は地震だけではない。

自然災害による死者数・世界ランキング

順位	国名	自然災害による平均死亡率（人口10万あたりの人数）［2011年〜2015年］
1	ネパール	7.2
2	日本	3.4
3	フィリピン	2.5
4	サモア	2.4
5	セントビンセント・グレナディーン	2.2
6	ソロモン諸島	2.0
7	ミクロネシア	1.3
8	ナミビア	0.9
8	ニュージーランド	0.9
8	バヌアツ	0.9
11	アフガニスタン	0.8
12	カンボジア	0.7
12	セントルシア	0.7
14	ボリビア	0.5
15	フィジー	0.4
15	ハイチ	0.4
15	パキスタン	0.4
15	ソマリア	0.4
15	スリランカ	0.4
20	南スーダン	0.3
20	タイ	0.3

WHO世界保健統計2016より

たとえば2018年の災害死者数ランキングでは日本は444人で、インドネシア、インド、グアテマラに次いで4位となっている。日本はこの20年ほど東日本大震災の犠牲者を除いても、年平均で150人以上の犠牲者を出している。

人口比の犠牲者数は、常に世界のワースト10の中に入っているのである。

世界の中には、インフラが整っていなかったり、環境の悪いスラム街に人口が密集していたり、日本よりももっと自然が過酷だったりする国は多々あるのだ。

いくら日本に災害が多いと言っても、そういう国々よりも犠牲者が多いというのは、やはり「おかしい」と思わざるをえないはずだ。

地震の被害というのは、そう簡単に対処することはできない。日本の場合、どこで地震が起きてもおかしくないし、地震がいつ起きるかは、今の科学ではまだ予測ができていない。

しかし台風や大雨の被害は、努力によってかなりの部分、防げるはずだ。が、この台風や大雨の被害について日本が適切な対処をしているとは、とても言い難いのだ。

世界に大きく遅れる堤防整備

現在、日本では、風水害などの治山治水対策として**毎年1兆円を大きく超える国家予算**が組まれている。

その巨額な国家予算は一体何に使われているのだ、という話である。

なぜこんなことになっているのかというと、日本の巨額の公共事業費は、必要なところに使われず、特定の業界、特定の地域だけに繰り返し使われているからである。有力な政治家のいる地域や有力な族議員をもつ業界などは、潤沢な公共事業費で潤っているが、本当に公共事業が必要な場所には行き渡っていないのだ。

次ページの表は、先進国の主要河川の堤防整備状況であり、国土交通省のサイトで公表されている資料である。

日本の荒川というと、埼玉、長野、山梨から関東平野のど真ん中を貫き、東京23区内を経て東京湾にそそがれるという「首都圏の中心を流れる大河川」である。この荒川の堤防工事が40%しかできていないのである。

先進各国の主要河川等の整備率

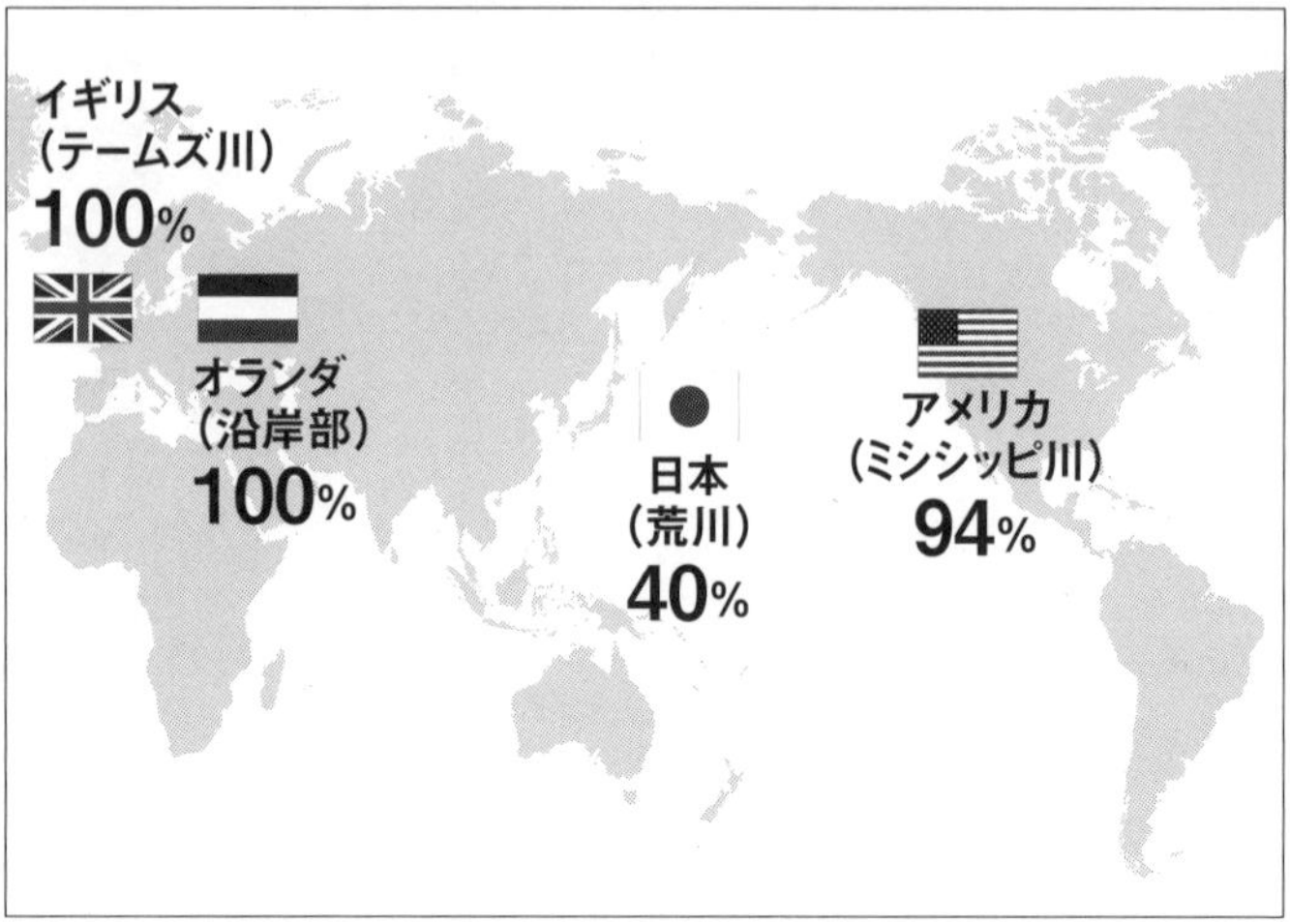

※堤防の必要がある区間のうち堤防が完成している割合
国土交通省サイトより

国土交通省としては、このデータをサイトに載せている理由は「日本のインフラ整備はまだこんなに遅れているから公共事業費をもっとください」というアピールなのだろうが、とんでもない話である。

何十年もの間、世界最大の公共事業費を費消しておきながら、大都市を貫く大河川の堤防工事さえ完成させていないのである！

「お前ら一体、何に巨額の税金を使ったのだ！」

ということだ。

集中豪雨地域の公共事業費を削減するという愚

日本の自然災害被害が、国の怠慢によるものだというわかりやすい例を一つ示したい。
安倍晋三政権は、発足当初から「国土強靭《きょうじん》化計画」なるものを標榜《ひょうぼう》し、土木関係の公共事業費を大幅に増やした。民主党時代には公共事業は減らされていたが、安倍政権はその減額分を「国土強靭化計画」によって丸々取り戻した形になっていた。

「日本は災害の多い国、だから大規模な土木事業を行って国土強靭化する」

それが、国土強靭化計画の趣旨だった。

しかし、その趣旨は建前に過ぎず、**要は土木利権の回復**に過ぎなかったのである。公共事業が増額された地域というのは、必ずしも災害の多い地域ではなかった。また災害の多い地域なのに公共事業を減らされたところもあるのだ。

その最たる事例が広島県である。
2014年8月、広島県では集中豪雨に見舞われ直接の犠牲者74人、関連死3人の計77

人もの犠牲者を出した。犠牲者のほとんどは土石流やがけ崩れなどの土砂災害によるものだった。

「国土強靭化」を標榜している政府としては、当然のことながら、広島県に集中的に予算を配分し、今後の災害に備えるべきだったはずだ。特に集中豪雨の被害などは繰り返し同じ地域に起きやすいのがわかっているのだから、土砂災害などの備えを徹底的に行わなければならなかった。

この広島県の豪雨災害は、砂防施設の遅れが大きな要因でもあった。広島県はこれまでもたびたび豪雨被害に遭っており、砂防施設の充実が懸案事項でもあったのだが、国の予算がなかなかつかず、それがまだ解決されていなかったのだ。

しかし、この後に広島県の公共事業費予算が増加したかというと、まったく逆なのである。

次の表を見ていただきたい。

これは国の公共事業の山口県と広島県への配分の推移である。

広島県では、なんと豪雨災害の起きた２０１４年以降、予算が大幅に削られているのだ。

第二次安倍政権が発足した２０１３年度は約９０６億円だったのが、豪雨災害のあった

国の広島県、山口県への公共事業支出費用
(国土交通省の統計より抜粋) 単位・百万円

	2010	2011	2012	2013	2014	2015	2016	2017
山口県	55,042	68,144	53,188	82,916	92,682	136,681	162,073	98,670
広島県	106,052	106,786	87,495	90,591	71,147	55,710	46,686	41,356
全国	3,467,345	3,058,032	3,624,949	5,074,601	4,769,536	4,224,258	4,385,791	4,046,810

都道府県民1人あたりの国の公共事業費
(国土交通省の統計より著者が算出) 単位・円

	2010	2011	2012	2013	2014	2015	2016	2017
山口県	40,177	49,740	38,823	60,523	67,651	99,767	118,301	72,021
広島県	37,607	37,867	31,026	32,124	25,229	19,755	16,555	14,665
全国	27,475	24,231	28,724	40,211	37,793	33,473	34,753	32,067

2014年度には約711億円、その翌年には約557億円に減額されているのである。

広島県の公共事業費が削減された明確な理由はなく、その一方で隣県の山口県の予算は激増している。人口が半分以下の山口県のほうが広島県よりも公共事業費の総額で上回っているのだ。県民一人あたりにすると山口県は広島県の2倍以上となっており、2016年にはなんと7倍以上になっているのだ。

豪雨被害地より首相の地元の公共事業を優先

なぜ山口県の公共事業予算が激増しているのかというと、答えは簡単である。山口県を地盤にもつ安倍晋三氏が首相になったからである。

安倍首相が首相に再就任したのは2012年の12月であり、予算編成には2013年分から携わっている。つまりは安倍首相が首相に再就任した途端に、山口県の国からの公共事業費が激増している。これほどわかりやすい**「忖度《そんたく》」**はない。

都道府県民一人あたりの公共事業費は、全国平均を大きく引き離し、2015年と2016年には、なんと全国平均の3倍にも達している。2017年は、このときすでに森友問題が発覚していたが、それでも全国平均の2倍以上の公共事業費だったのだ。

2011年には、県民一人あたりの公共事業受注額が全国平均の2倍になっているが、この年は山口県で国体が開催されたからである。

国体というのは、ご存知のように毎年、各都道府県がもち回りとなっている。国体が開催される県は国からそれなりの公共事業費が投じられるため、インフラ整備としての役割がある。47年に一回、国体が開催されることで、各都道府県はインフラを大きく整備できることになっているのだ。

山口県の場合は、安倍首相が就任して以来、「国体が開催される」以上のインフラ整備が毎年、行われているということである。

その煽《あお》りを食うようにして、広島県の公共事業予算は大幅に削減されたのである。広島県の人口は約282万人である。一方、山口県はその半分以下の約137万人である。安倍首相の再就任前まで両県は、県民一人あたりの公共事業費でそれほど大きな違いはない。山口県のほうが若干高いが、これは変動の許容内だろう。

が、安倍首相の再就任で状況は一変する。

山口県の予算が急増し、広島県の予算は急減するのである。2014年以降は、人口が半分以下の山口県のほうが広島県よりも公共事業費の総額で上回っている。県民一人あたりにすると山口県は広島県の2倍以上となっており、2016年にはなんと7倍以上になっているのだ。

国は「山口県では2016年に日露首脳会談が行われており、そのために公共事業費がかさんだ」と言い訳するだろう。が、主要国との首脳会談などは毎年のように行われているものであり、そのたびに公共事業費が跳ね上がっていては歳入がいくらあっても足りない。

また日露首脳会談が行われたのは2016年である。たかが一国との首脳会談で準備に何年もかけたわけではないので、2016年以外の公共事業費の激増は説明がつかない。

そもそも日露首脳会談を安倍首相のおひざ元でわざわざ行うこと自体、不自然なのである。山口県は、他の主要都市に比べるとインフラ等が整っていないので、ここで主要国との首脳会談などを行うと、建設費や警備費がかさむことはわかっていたはずだ。外国人が喜ぶ京都などで行うならまだしも、それほど有名ではない山口で行う必要はなかったはずだ。

とにもかくにも、国の公共事業費の山口県への支出は、明らかに不審な点がある。統計調査で明確に出るものでさえ、こういう「明らかな忖度」がまかり通っているのである。統計調査に出てこない部分では、これよりはるかに大きな「忖度」がされていると思われる。

広島県の集中豪雨被害は人災である

広島県の公共事業予算が削減されたので、もちろん広島県は強靭化されなかった。そしてこの政治家の都合で決められる公共事業は、国民に大きな災いをもたらすことになる。2014年の広島県の豪雨災害から4年後の2018年、広島を中心とした西日本地域の豪雨災害が起きるのだ。

この2018年の豪雨災害は、4年前の被害よりもさらに大きかった。犠牲者は263人にも達し、平成で最悪の豪雨災害となった。なかでも広島県の被害がもっとも大きく、114人の死者、行方不明者を出した。

もし2014年の豪雨被害があった後、この地域の土砂災害の危険性などについて徹底的に調査し、防災工事が行われていれば、4年後の被害は大きく削減できたはずだ。というより、これは行政としては普通に行わなければならなかったことなのだ。

2018年の被害は、完全に行政の怠慢によるものだと言えるのである。

「国土強靭化計画とは笑わせるな!」

ということである。

しかも、こういうことは広島県だけのことではない。自然災害犠牲者の要因やその後の対処などは外部からはなかなかわかりにくいので、広島県のように行政の怠慢がわかりやすく表面化することはあまりない。

しかし歴史的な大災害だった2014年の広島県の豪雨災害でさえ、まともに対処していないことを見れば、ほかの自然災害について国がどういう対処をしてきたかは、簡単に想像できるはずである。

日本が世界的に見て**「自然災害犠牲者が多い国」**になっているのは、こういうことの積み重ねなのだ。国民は莫大な公共事業費を払っていながら、その恩恵はまったく受けていないのである。恩恵を受けているのは、有力政治家の関係者だけなのだ。

住宅整備費はどこに消えた？

日本の公共事業が役に立っていないのは、防災対策だけではない。

多額の予算を食っている住宅事業や道路事業においても、国民生活の上ではほとんど役

公共事業関係費　令和2年当初予算（臨時、特別の措置を含む）

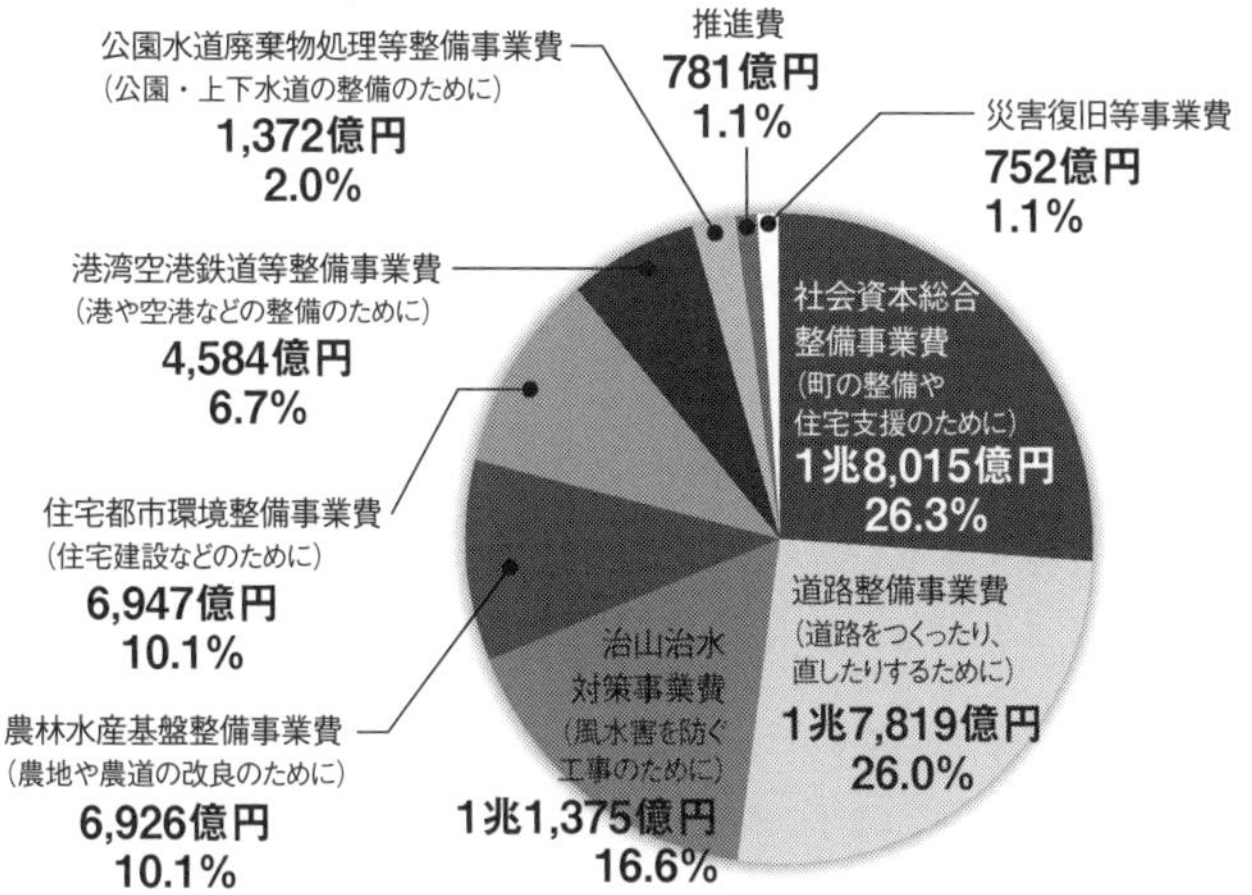

に立っていないのである。

上の表の公共事業関係費の内訳を見ていただきたい。

これを見ると、「社会資本総合整備事業費」という項目が1兆8015億円で、もっとも大きなシェアを占めている。この「社会資本総合整備事業費」には、国税庁のサイトでは「町の整備や住宅支援のため」という説明がある。

しかし、これも「なんのために使われているのかわからない」のである。

というのも、日本は公営住宅が先進国の中で著しく少ないからである。

イギリス、フランス、ドイツなどは、住宅に占める公営住宅の割合は15％前後である。しかも、これらの国は、以前はもっと多くの公営住宅があったが、70年代から90年代にかけて、大量に国民に払い下げられた。それでも、全住宅の15%前後が公営住宅として残っているのだ。

では、日本はどうかというと、3分の1の5%程度しかないのだ。自己責任の国アメリカと同程度なのである。

日本は莫大な住居整備費を費消していながら、公営住宅はイギリス、フランス、ドイツの半分にも足らないのである。

もし日本にもっと公営住宅があれば、ネットカフェ難民や生活保護受給者や経済理由による自殺なども大幅に減らせるはずなのだ。

首都圏の道路もまともに整備していない

日本の公共事業関係費で次に多い支出は、道路整備事業費の1兆7819億円である。

道路整備というと、90年代の狂乱の公共事業のときにも、その中心的な事業だったものである。日本の莫大な公共事業費の大半は、道路整備に使われたと言ってもいいだろう。

先進各国の主要都市における環状道路の整備率

日本（首都圏）	韓国（ソウル）	中国（北京）	フランス（パリ）
 47%	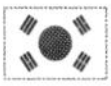 100%	 100%	 85%

国土交通省サイトより

国土面積あたりの高速道路の総延長距離（km/万km²）2004年時点

日本	アメリカ	イギリス	フランス	ドイツ
 370	 95	 138	 209	 323

国土交通省道路局資料より

では日本の道路は、きちんと整備されているのか？

残念ながらノーである。

上の表を見ていただきたい。これは首都圏の環状道路の整備状況である。これが他の国の半分以下なのである。先進国ではありえない状況なのだ。中国や韓国にさえ、この分野で大きく遅れをとっているのである。

日本は道路自体は異常なほど多い。

その下の表は、国土面積あたりの高速道路の長さの国際比較である。

これを見ればわかるように、日本の高速道路は先進諸国の中でもっとも延長距離が長いと言ってもいい。

よく「自動車一台あたりの道路距離」や「人口一人あたりの道路距離」などの数値をもち出して「日本の道路は欧米よりもまだ不足している」などと主張する経済評論家もいる。しかし、これはまったくのナンセンスである。

日本のように狭い土地に人口が密集している国では、それらの数値が低く出るのは当たり前である。道路というのは、土地と土地の間を結ぶものなのだから、多いか少ないかを論じるには、国土の広さとの比率を用いるのが当然であろう。もし東京に人口に比例して道路をつくろうなどとすれば、東京全部が道路になってしまう。

また日本は高速道路だけではなく、一般道路も日本は国土面積比では欧米よりも延長距離は長い。

つまり日本の道路の総距離は十分すぎるほどあるのだ。

しかし、本当に国民生活に利便性をもたらすように計画的につくられてはいない。無駄な道路が滅茶苦茶に多く、肝心な道路が全然足りていないのだ。

各地の議員たちが自分の権力に任せて、てんでバラバラに道路をつくってきたので、**「道路自体は異常に多いが、非常に車の利便が悪い国」**になってしまったのである。

地方の下水道普及率はアフリカ並み

日本の社会インフラが遅れている分野は、まだまだ多々ある。

たとえば下水道である。現代人にとって、生活排水は下水道によって処理されるものとなっている。それは日本だけじゃなく世界中でそういう傾向になっている。

が、日本の地方では下水が通じていないところがけっこうあるのだ。

現在、日本全体の下水道の普及率は70％台の後半である。ヨーロッパの普及率とほぼ同じ程度だ。だから、これだけを見ると、日本の下水道普及に問題があるようには見えない。

しかし、この日本の下水道普及率にはカラクリがあるのだ。

日本の場合、人口の4分の1が首都圏に住むという極端な人口集中がある。そのために、必然的に下水道普及率が上がっている。首都圏は比較的、下水道が整備されているので、地方から首都圏に人口が流入すれば、何もしなくても下水道の普及率（人口比）は上がるのである。

しかし日本の場合、地方では下水道の普及率が先進国の割に異常に低いのだ。50％を切っているところも珍しくない。

下水道がない地域では、各家庭が浄化水槽を準備しなくてはならないなど、余分な負担が大きい。

前述したように日本は、1990年代から2000年代にかけて、年間60兆円以上という狂乱の大公共事業を行った。しかし、この大公共事業では、道路や箱モノばかりがつくられ、下水道の普及はそれほど進まなかったのだ。この大公共事業時代に、ちゃんと予算を下水道に振り分けていれば、今頃、国の隅々まで下水道が普及していたはずだ。

たとえば島根県の下水道普及率は49・7%である。

島根県は、90年代の公共事業大濫発時代に竹下登元首相などのおひざ元として、全国でも有数の公共事業受注地域だったが、島根県は、このとき**下水道の普及工事はほとんど行っていない**のである。

下水道の普及率で、特にひどいのは四国である。4県のうち3県が50%を切っている。

坂本龍馬の出身地として有名な高知県は、40・1%である。

徳島県に至っては18・4%である。なんと県民のほとんどは、下水道のない生活を送っているのだ。この数値はアフリカ並みである。広大な砂漠、ジャングルのあるアフリカ大

下水道の普及率が低い県

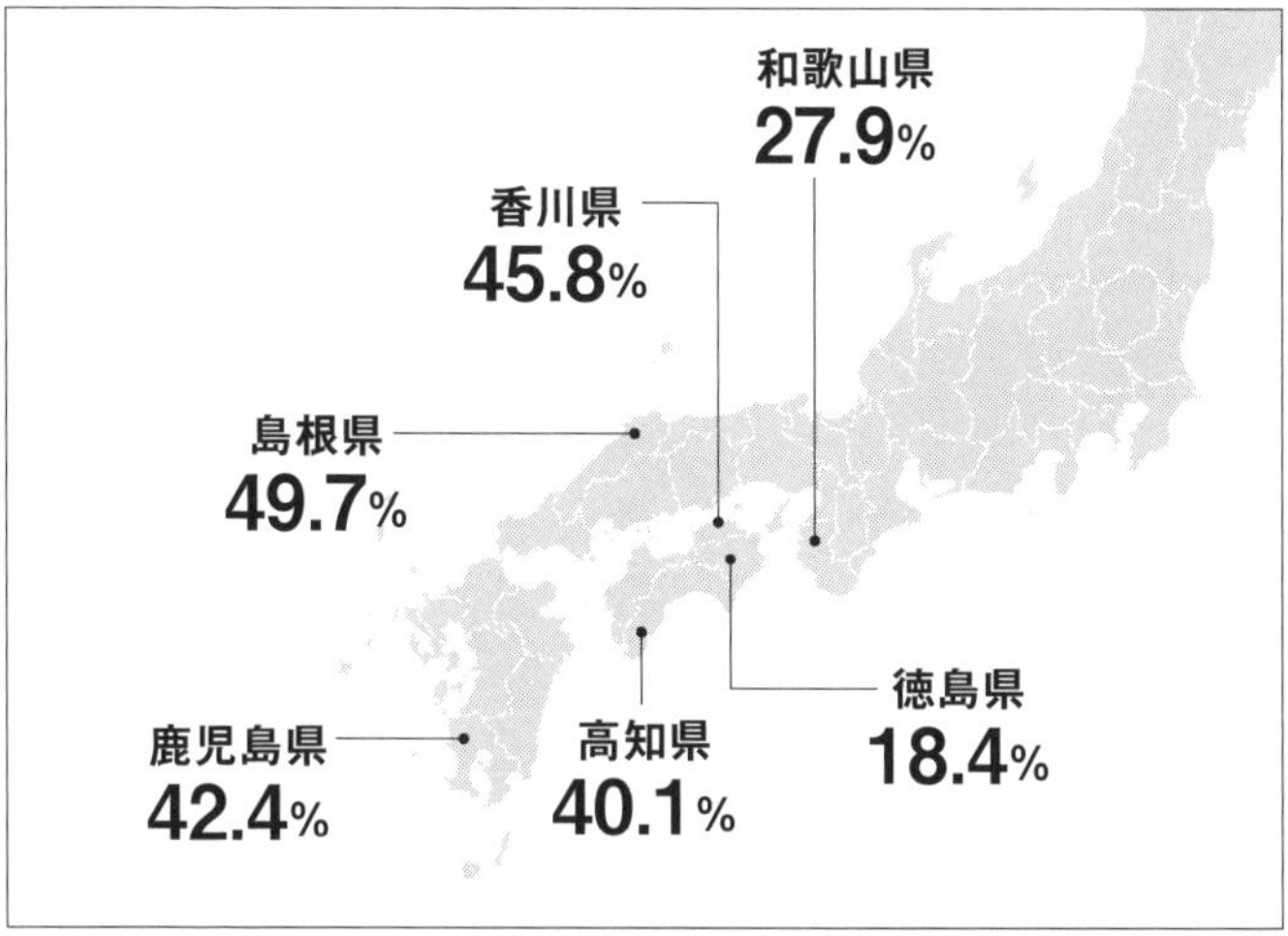

世界の下水普及率（下水接続割合）

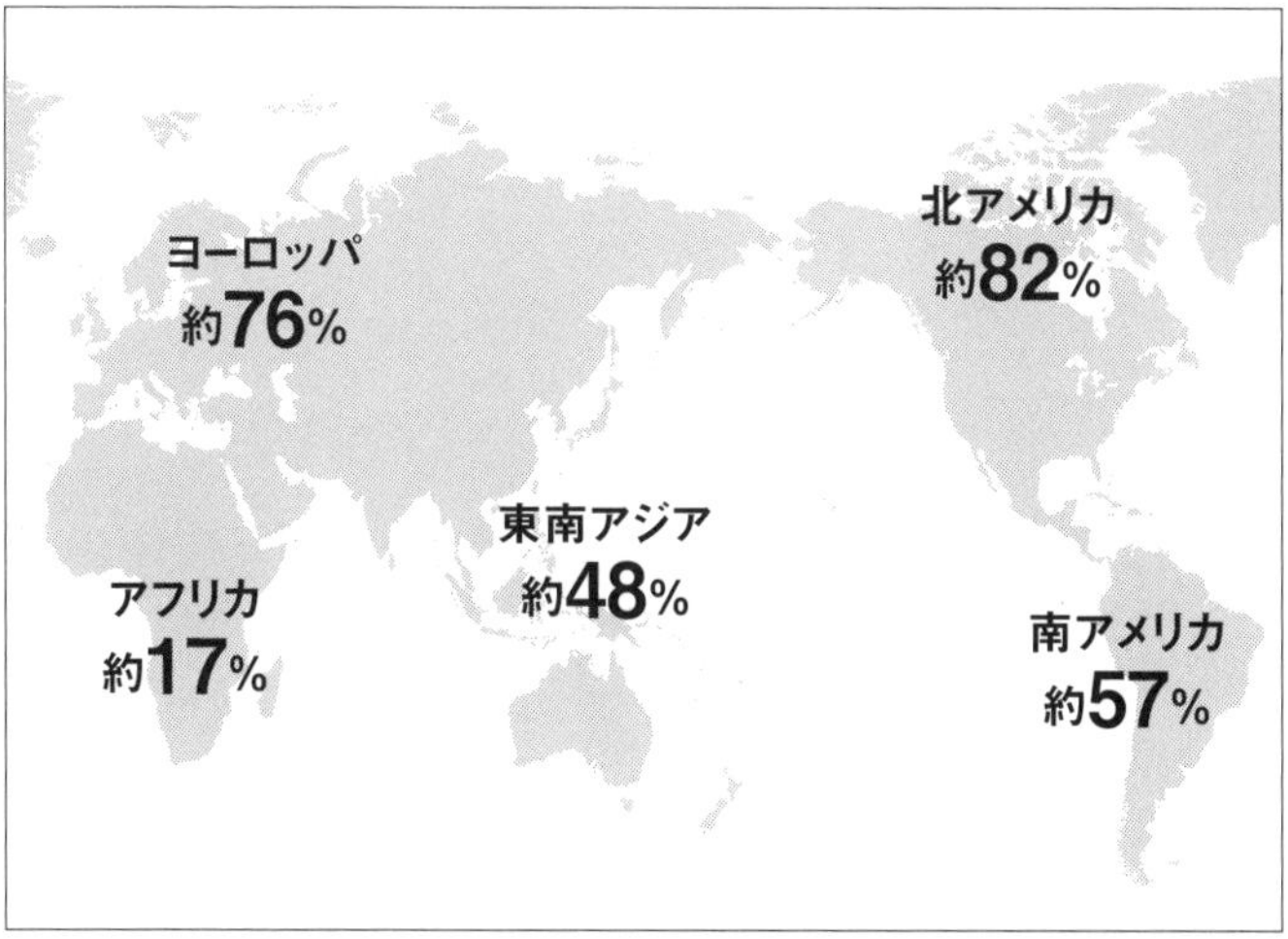

陸と徳島県は、下水道の普及率に関する限り、ほぼ同じなのである。

他にも、香川、鹿児島、和歌山などが50％を切っている。

このような地方のインフラ整備の遅れが、一極集中を招いたともいえる。もちろん、下水道だけじゃなく、さまざまなインフラを含めての話である。地方の人は、インフラの整っていない地元を捨て、都会に出てくるのだ。

それで地方はどんどんさびれていくのだ。

電柱の地中化も世界に大きく遅れをとる

「電柱の地中化」においても、日本は世界に大きく遅れをとっている。

電柱は、台風などの災害時に大きな危険要素となる。

この電柱は、**先進国にはほとんどない**ということをご存知だろうか？

先進国の大半で、電線は地中に埋めているのだ。先進国の中で、これほど電柱があるのは日本だけなのだ。

国土交通省の発表データによると、先進国の「無電柱化」は次のようになっている。

先進国の「無電柱化」

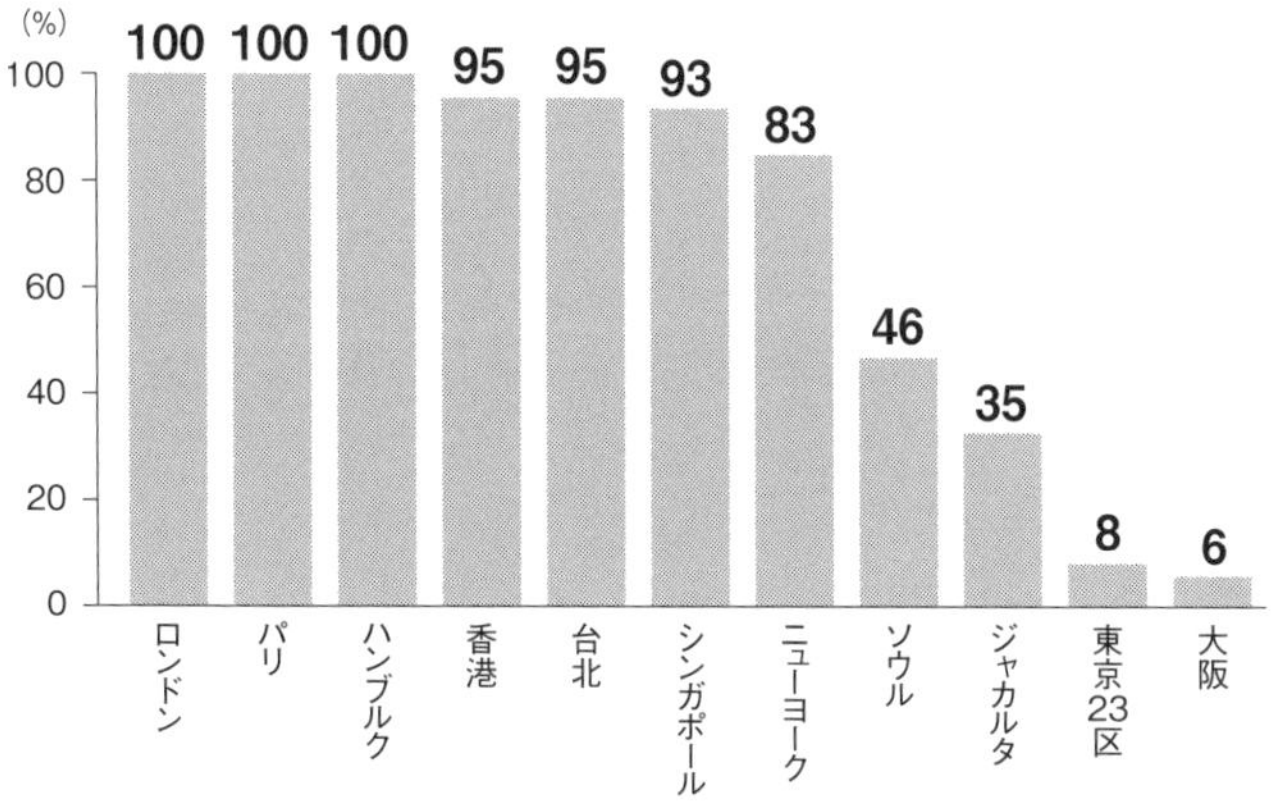

これを見ると、先進国はおろか香港や台北でも、ほぼ無電柱化が達成されているのだ。隣国のソウルでさえ、46%も進んでいるのである。東京の８%、大阪の６%というのは、異常に低い数値である。

地震や台風が頻発する日本こそ、無電柱化をどこよりも進めなくてはならないはずなのに、この体たらくはどういうことなのだろう？

昨今でも、台風や豪雨のたびに、どこかしらで大規模な停電が発生している。２０１９年９月の台風15号では千葉県全域の90万戸で停電が発生し、１か月近く復旧しない地域もあった。これらのことは、電柱を地中化すればかなり防げるのである。

無電柱化の推進というのは、阪神淡路大震災のころから言われていた。が、30年経っても、まったく進んでいないのだ。

これも、もちろん**行政の無策**である。

無電柱化の費用というのは、日本では、国、地方、電力会社の三者が3分の1ずつ負担することになっている。しかし、これは国が主導して行ってもいいのだ。

何度も触れたように、日本は90年代に巨額の公共事業を行っているし、現在でも先進国では最高レベルの公共事業費を支出している。にもかかわらず、電柱の地中化という重要な社会インフラがまったく未整備なのである。

しかも、日本は先進国で最高の電気代を払っているのだ。

日本の電気料金は先進国と比較した場合、かなり割高であることがわかる。

2013年度の先進5か国の比較データの表を見ると、家庭用電力の場合、日本は24~25円、ドイツは38~39円、イギリスは22円、フランスは19円、アメリカは12円程度である。

日本はドイツに次いで2番目の高さだ。

ドイツは日本よりもかなり高いように見えるが、国の政策として再生可能エネルギーの開発費を捻出するため、その分の税金を電気料金に上乗せしている。その上乗せ分が電気料金の約半分を占めるのだ。

電気料金の国際比較（2013年度）1KWあたり

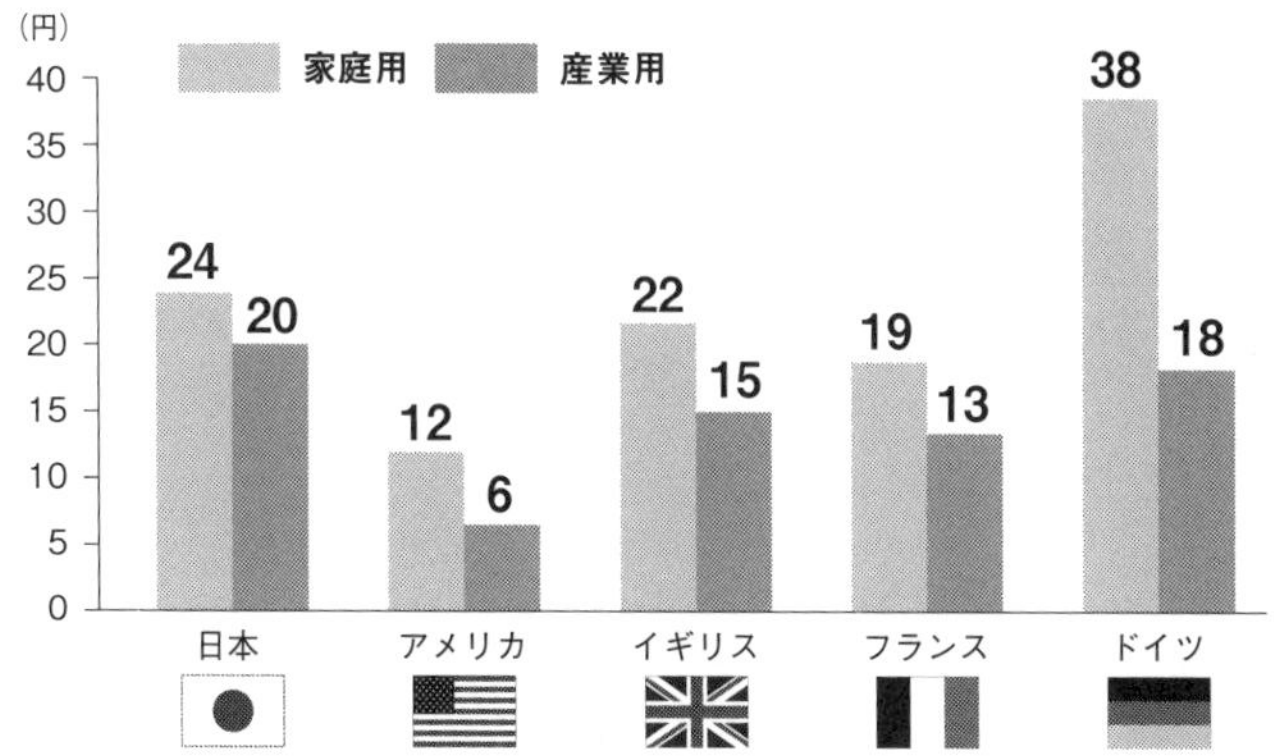

一般財団法人・電力中央研究所資料より

そのため、電力会社が受け取る純然たる「電気料金」を比較した場合、日本はドイツと同等か、少し高いくらいなのだ。

また産業用の電気料金の場合、日本は先進5か国の中では、もっとも高い。

産業用の電気料金は、電力全体の約半分を占めるので、日本の電気料金は先進5か国の中でもっとも高いということになる。

そしてドイツに限らず、フランス、イギリスなども、再生可能エネルギー政策などのための税金が含まれており、原価だけを見れば、日本の電気料金は先進国の中でずば抜けて高いのである。

「巨額の公共事業費」

「高い電気代」

にもかかわらず、先進国としての最低限の社会インフラである「電柱の地中化」がまったく行われていないということだ。

莫大な公共事業費はどこに消えた?

ここで大きな疑問を持たれないだろうか?

莫大な公共事業費が何に使われてきたのか、と。前述したように、バブル崩壊以降から今までに日本は1000兆円近い公共事業を行ってきた。

まるで、この莫大な公共事業費がどこかへ消えたかのように、社会インフラを整えた跡が見られない。

実際、何に使われたかというと**「無駄な箱モノ」「無駄な道路」**などである。

地方に行くと、人影もまばらな駅の周辺が非常に立派に整備されているのを目にしたり、車がめったに通らない場所にすごく立派な道路があったり、さびれた街並みに突然、巨大で立派な建物が現れたりすることがある。

そういう地域には有力な国会議員がおり、その議員に群がる利権関係者がいるのだ。

政治家は、自分を支持する建設土木業者のために公共事業をもってこようとする。必然的にその業者が得意な公共事業ばかりが予算化されるのだ。道路工事が得意な事業者には道路工事を、箱モノ建設が得意な事業者には箱モノ建設を発注するという具合にである。となると、その地域には、非常に偏った公共事業ばかりが行われることになる。道路工事ばっかり行っている地域、箱モノ建設ばかりを行っている地域という具合に、だ。

そこには、国全体を見渡してインフラの不備な部分を整備しようなどという発想はまったくない。だから、日本中で莫大な公共事業費を使っていながら、日本のインフラはボロボロなのである。

わかりやすい例を一つ挙げよう。

80年代後半から2000年代にかけての公共事業で、目玉的に進められていたのが、四国と本州の架橋だった。

この時期、四国と本州の間には、**なんと3本の橋がかけられた**のだ。

もちろん、莫大な費用が生じた。

その一方で、四国では基本的なインフラ整備が遅れており、前述したように下水道普及率が世界的に見ても非常に低い。四国の四県のうち、三県で50%を切っているのだ。

巨額の金をかけて、橋を3本も架けている一方で、足元の下水処理はまったくおざなりになっているのだ。いかに日本の公共事業が無駄なものだったかということだ。

日本の公共事業は景気対策にさえなっていない

このように日本の公共事業は社会インフラの整備にほとんど使われていないのだが、では景気対策にはなっているのだろうか？

残念ながら、これもノーなのである。

建設業界は、大手→下請け→孫請けと、ピラミッド式の組織となっている。もちろん大手がもっとも多く取り、下に行くほど取り分は減る。末端の労働者に届くお金は、わずかなものである。

しかも公共事業の受注は、政治家にコネがあるものや地域の有力者を中心に行われる。地域全体が潤うものではなく、特定のものが繰り返し潤うというものである。

だから公共事業費は、景気を刺激するものでなければ、大きな雇用を生み出すものでもないのだ。

そして公共事業に依存する体質になってしまうと、常に税金に頼っていかなければならなくなる。つまり真に自立した経済力をもてないのである。

にもかかわらず国会議員は、地元に公共事業を誘致しつづけていた。

公共事業を誘致すれば、一時的に経済は上向く。

巨額のお金が地域に落ちるからである。しかし公共事業は、その地域に真に経済力をつける施策ではない。公共事業というのは、一時的な痛み止めモルヒネのようなものなのだ。

たとえば、その**わかりやすい例が島根県**である。

島根県は80年代から2000年代にかけて、日本で巨額の公共事業を受けてきた県の代表格だ。

島根県は、故竹下登元首相や青木幹雄元参議院議員など有力な国会議員を輩出してきた県である。島根県出身の国会議員たちは、こぞって島根県に公共事業を誘致し、そのことで自らの政治権力をアピールしてきた。

このため島根県の経済は、この数十年公共事業にまったく頼りきった体質になってしまった。県民一人あたりに使われる公共事業費は、全国で常時5位以内に入り、北海道や沖縄に匹敵するほどの公共事業を受注してきた。

それほどの税金を使われながら、島根県は、80年代から現在にかけて人口が20％も減少してしまった。つまり公共事業をもっとも多く受注していた時期に、激しい人口流出が起きていたのだ。

そして2000年代には常時、人口流出でワースト10に入る過疎県となってしまった。現在では人口が減りすぎたため、流出率こそワースト10からはずれているが、それでもワースト15位くらいを前後している。

日本の公共事業というのは、その地域のインフラ整備にもならず、その地域の景気対策にもならず、ただただ**巨額の税金と資源を浪費するばかり**なのだ。そして、有力議員の支援者である地域の有力者だけが潤うものなのだ。

巨額の財政赤字の原因は社会保障費ではない！

日本は現在、巨額の財政赤字を抱えている。この原因について政府は、

「日本は社会保障費が激増したので財政赤字が膨《ふく》れ上がった」

と説明してきた。

が、これはまったくの嘘である。

現在の日本に積みあがっている赤字国債の主原因は公共事業なのだ。これは、ごくごく基本的な国のデータを見れば、だれでもわかるものである。

日本の財政というのは、**1990年代初頭までは非常に安定**していたのだ。

1988年には、なんと財政赤字を減らすことに成功しているのだ。財政赤字を減らしたということは、収入(歳入)が支出(歳出)を上回ったということである。これは「プライマリーバランスの均衡」と言われており、先進国では最近はあまり見られないような財政の良好さなのである。この均衡はしばらくつづき、1990年代の初頭には、財政赤字は100兆円を切っていたのだ。

が、バブル崩壊以降の90年代中盤から財政赤字は急増し、2000年には350兆円を超え、2010年には650兆円を超え、現在は850兆円を超えている。

このデータは、政府が発表しているものなので、だれもが確認することができる。データを見れば、財政赤字はバブル崩壊以降に急増しているものであり、1991年からの10年間で600兆円も増えていることがわかる。

この90年代に生じた600兆円の財政赤字に利子がついたものが、現在の850兆円の財政赤字になっているのだ。

しかし赤字国債が急増した１９９０年代、社会保障関係費というのは、毎年15兆円前後しかなかったのである。当時の税収は50兆円前後だったので、15兆円程度の社会保障費はまったく問題なく賄えていたのだ。

だから、90年代に積みあがった６００兆円の財政赤字が、「社会保障関連費のため」であるはずは絶対にないのだ。

１９９０年代、日本は経済再生のためと称して狂ったように公共事業を行った。その額、**６３０兆円**である。1年あたり63兆円である。このバカ高い公共事業費６３０兆円がそのまま赤字財政となっているのだ。

90年代の莫大な公共事業というのは、実はアメリカとの公約が発端となっている。

90年当時の日本の首相であった海部俊樹氏はアメリカに対する公約として、今後10年間で４３０兆円の公共事業（国、地方、道路事業等を含む）を行うと明言していたのだ。

当時、アメリカは日本との貿易赤字に苦しんでおり、日本の内需を拡大するために、公共投資を増額させ、アメリカ製品をたくさん買わせようともくろんだのだ。

「他国に公共投資を強いる」というアメリカの姿勢にはもちろん問題がある。が、この公共投資に関しては、日本側の使い道が最悪だった。

その後、村山内閣のときに、この公約は上方修正され630兆円にまで膨らんだ。

1年に63兆円を10年間、つまりは630兆円である。

630兆円というのは、明らかに異常な額だ。

当時の日本の年間GDPをはるかに超える額であり、**国家予算の10年分**である。社会保障費の50年分以上である。

それを丸々公共事業につぎ込んだ。

いくらそのころの日本政府が財政を健全化していたといっても、こんな負担に耐えられるはずがない。当然のように、あっという間に、巨額の財政赤字を抱える羽目になったのだ。

国は本会計からの公共事業だけじゃなく、地方への補助金などさまざまな形で巨額の公共事業費を浪費した。それが現在の国の巨額の借金となっているのだ。

第2章

税金を喰う怪物たち

わかりやすい利権政治家・二階俊博氏

前章では、日本は莫大な公共事業費が政治家の利権のために浪費されてきたことをご説明した。が、実際にだれがやっていたのか具体的な例を挙げないと、なかなか信じることはできないだろう。

なので、この章では「公共事業費の浪費」をしてきたわかりやすい人物に焦点をあてたい。

日本にはフィリピンのマルコス元大統領や、ルーマニアのチャウシェスク元大統領のような、国家予算の大半を私物化するスケールの大きな悪人はいない。

しかし、チャウシェスクを何百分の一にしたようなスケールの小さな悪人たちが何百人もいる。スケールが小さいだけに、これまでうまく隠れることができてきたのである。

その小悪党の代表的な人物が、自民党幹事長（2020年9月現在）の二階俊博氏である。

二階氏は、経済産業大臣などの要職を歴任し、つい先日（2020年9月）も自民党の幹事長の在職記録を更新した、現在の与党の重鎮であり政界の実力者である。

この二階氏は、7月にＧｏ Ｔｏトラベルを強行した首謀者の一人でもある。

日本政府は2020年7月22日からＧｏ Ｔｏトラベルキャンペーンを始めた。各地で新型コロナの感染者が急増しており、過去最高を記録する自治体もある中で、**「こんな時期に始めなくても」**と国民の大半が思ったはずだ。

またＧｏ Ｔｏトラベルに使う金があったら、医療関係者にボーナスを支給したり、ＰＣＲ検査の拡充、人工呼吸器エクモの補充、集中治療室の増設や、失業者も増えているのだからそういう人たちの手当てに使うべきじゃないか、と思ったのは筆者だけではないはずだ。

自民党幹事長としてらつ腕を振るう二階俊博氏

この政策を強力に推進してきたのが二階俊博氏である。

幹事長というのは、自民党でナンバー2のポストだとされている。

ざっくり言えば二階氏は、自民党で2番目に偉いわけだ。

さらに同氏は、全国旅行業協会（ANTA）の会長を30年近く務めており、また自民党の観光立国調査会の最高顧問でもある。

観光族議員のラスボスという存在である。

いずれにしろ自民党幹事長という立場からみても、Go Toトラベルにおける責任は逃れられないはずだ。

この二階氏の政治団体は、複数の観光団体から470万円の献金を受けていることがわかっている（週刊文春2020年7月30日号より）。**絵にかいたような利権誘導**である。

このGo Toトラベルに関しては怒りを感じた人も多かったはずだ。

が、二階氏の本当の〝悪行〟はこんなものではない。

Go Toトラベルなどは、氷山の一角の中の、さらにほんの一片に過ぎないのである。

疑惑だらけの人

二階氏は、これまでも数々の利権関係の疑惑が報じられてきた人である。

筆者は別に、独自の取材をして二階氏の悪事を暴こうというわけではない。

今から書くことは、過去に新聞や雑誌等で報道された記事を整理しただけである。

それでも**「こんなに利権関係の疑惑がある人なのか?」**とびっくりするほどのことが出てくるのだ。

二階氏の疑惑の中でもっとも有名なのが、「西松建設裏金事件」である。

西松建設裏金事件というのは、2008年に発覚した準大手ゼネコンの西松建設が裏金をつくってその一部を政治家十数人にばら撒いていたという事件である。

二階氏はこの西松事件の最重要人物でもあった。

同氏は西松建設に派閥のパーティー券800万円分を購入してもらっていた。

二階派は、法人としての西松建設ではなく、西松建設の役員などの各個人がパーティー券を購入したものとして処理し、申告をしていなかったのだ。

この件については二階氏の秘書が罰金刑を受けるだけで済んでいる。

しかも二階氏の地元の和歌山県では、この当時、建設関係者の自殺が相次いでいる。週刊プレイボーイ2009年4月6日号によると、少なくとも3人の和歌山県の建設関係者が自殺をしているという。

また2012年の民主党政権時代に起きた「特許庁の新システム導入」における不正入

札疑惑についても彼の名前はあがっていた。

サンデー毎日２０１２年10月28日号によると、この「特許庁の新システム導入」は、東芝が入札した後、「ザクロス」「ＯＮＥ ＯＮ」「ＶＯＲＴＥＣＨＳ」という企業に外注に出されており、この三社はいずれも二階氏が懇意にしていたり、関係があったりしていた企業ということだ。


「業界から献金を受け取りその業界のために便宜を図ったのなら、汚職になるのではないか？」と思う人もいるだろう。

しかし現行の日本の法律では、そういうことでは汚職にはならないのだ。日本の法律での汚職というのは、具体的な事業などにおいて依頼関係があることが条件となる。

たとえば、「●●橋の建設工事において指名の便宜を図り、その見返りに●●万円もらった」というようなことだ。

企業や業界団体から献金をもらって便宜を図ったとしても、「この事業の便宜のためにお金を受け取った」という個別の利益供与が証明されない限り、汚職にはならないのである。

中国外交も利権になる

二階氏は、早くから日中友好活動、日韓友好活動にも積極的に携わっている。2000年には「北京オリンピックを支援する議員の会」に参加している。

韓国、中国との関係が悪化した2015年2月には1400人の大訪問団を率いて韓国を訪れている。

同年の5月には3000人の大訪問団を率いて北京を訪れた。

この訪問団は、官庁、各都道府県、旅行業界、運輸業界など二階氏と関係のある業界に大々的に動員がかけられたものだ。

日中関係、日台関係、日韓関係を良好なものにしようというのであれば、筆者としては何も文句はない。

が、二階氏の政治活動には、必ず利権が結びつくのだ。

たとえば、地元の和歌山県で経営破綻した「グリーンピア南紀」が格安で中国系企業「香港BOAO」に売却されたが、これは二階氏の働きかけによるものなのだ。

香港ＢＯＡＯのオーナーと二階氏は昵懇《じっこん》の間柄であり、オーナーの日本人の妻は、二階氏が関係する企業の取締役を務めていた。

この「グリーンピア南紀問題」はこれだけにとどまらない。

「グリーンピア南紀」は、新装開業するということを条件に香港ＢＯＡＯに売却されたのだが、いつまで経っても新装開業をする気配がないので、地元の議会が契約解除を決議した。

すると、香港ＢＯＡＯは違約金を求め、最終的に地元は1億7000万円を同社に支払う羽目になったのだ。

「あなたは利権抜きでは何もできないのか！」

と言いたくなるのは、筆者だけではないはずだ。

和歌山県にはパンダが6頭もいる

和歌山県・白浜のアドベンチャーワールドには、パンダが6頭もいる。

東京の上野動物園にさえ2頭しかいないのだから、和歌山県に6頭もいるのは不思議でもある。

和歌山県にパンダが多いのは、二階氏の力によるものとも言われている。

和歌山県のアドベンチャーワールドは飼育環境がよいらしく、これまでに16頭のパンダが生まれている。が、パンダというのは、中国が世界各国に貸し出すという形になっており、どこの国で生まれても中国に返すという取り決めになっている。

しかし、和歌山県のアドベンチャーワールドの場合は、パンダの赤ちゃんが生まれても相当期間、中国に返還されないで日本に残っていたのだ。そのため、最大で7頭のパンダがいたこともある。そして現在も6頭のパンダがいるのだ。

6頭もパンダがいる動物園は、日本はおろか世界中でも中国以外にはない。つまり、和歌山のアドベンチャーワールドは、中国以外で世界最大のパンダ保有施設なのである。

これは、二階氏が中国首脳部と昵懇の関係であるために、特に配慮されていると見られている。

どう考えてもパンダを7頭誘致するような政治が、今の日本に必要な政治ではないはずだ。にもかかわらず相変わらず、「パンダを7頭誘致してきた、**どうだ俺すごいだろう**」

というような人間が、政界では幅を利かせているのだ。

日本人として情けなくて仕方がない。二階氏のような人を見ると、日本はこの先どうなってしまうんだろうと悲嘆せざるをえない。

それは、きっと筆者だけではないはずだ。日本の政治の幼稚さを象徴しているのが二階氏だと断言できる。ここまで読んだだけでも怒りに震えている人も多いはずだ。が、彼の本当の悪行は、まだこれから説明していかなくてはならないのだ。

時の権力者と上手にやっていく

国民から見れば典型的な「利権政治家」「悪徳政治家」なのに、なぜ二階氏は、政権与党の中心に居座ることになったのか？

その理由は、

- **自分の周辺にいる者に対する面倒見が非常にいいこと**
- **権力者や利権に関する臭覚が異常に発達していること**

である。

二階氏は、和歌山県出身で県議会議員の父がいた。だから二世議員といえば二世議員でもある。が、二階氏は県議会ではなく国政を目指していたらしい。大学を卒業後、衆議院議員の遠藤三郎氏の秘書になる。

昔の国会議員の秘書というのは、地元民の要望受付係のようなものだった。地元の選挙民からはさまざまな要望が寄せられる。その要望を受け付け、地元民の機嫌を損ねないようにうまく処理するのだ。

困っている地元民を助けるようなことであれば意味があると思われるが、ほとんどのケースでは、公共事業関連の依頼だったり、就職の世話だったりなど、利権絡みのものなのだ。

そういう要望の処理をするのが国会議員秘書の重要な仕事だったのだ。

つまりは国会議員の「汚れ仕事」の現場担当者が秘書なのだ。

これを経験したということが、二階氏の政治家としての在り方に大きな影響を与えたと思われる。というより、はっきり言えば、このときの経験から「利権政治家」の道を歩むことになったのだ。

その後、二階氏は県議会議員を経て、1983年に旧和歌山2区から自由民主党公認で、衆議院議員総選挙に立候補し、2位で当選する。

最初に所属した派閥は、田中派である。

田中派というのは、あの田中角栄のつくった派閥であり、一時期は自民党や日本政治を牛耳っていた派閥である。

「国会議員秘書を経験した後、田中派の国会議員になる」

というのは、利権政治家の王道のようなルートだ。

そして二階氏は、その王道ルートをまっしぐらに進むことになる。

この自民党の田中派というのは、田中角栄がロッキード事件で逮捕され、病気になったりしてから、分裂する。

そして、自民党自体も分裂する。

このとき二階氏は、田中派の若手ナンバー1とされていた小沢一郎氏と行動をともにする。間違いなく田中角栄の流れを汲んだ利権政治家でもある、その小沢一郎氏についていったわけだ。

小沢一郎氏というと今でこそ、利権政治家の成れの果てという老いぼれたイメージがあるが、90年代には飛ぶ鳥を落とすような勢いをもっていた。

そして小沢一郎氏の絶頂期に、重用《ちょうよう》されていたのが二階氏なのである。

小沢一郎氏は1993年に自民党から飛び出して、その後、新生党、新進党、自由党をつくったりした。その中では、政権与党の座にいた時期もあった。二階氏は、その恩恵をしっかり享受していた。細川政権では運輸政務次官にまでなっているのだ。

だが、野党は離合集散を繰り返し弱体化していく。

そのため1998年、小沢氏、二階氏の自由党は、自民党、公明党との連立政権に加わる。小沢氏にとって1993年の自民党からの離脱以来、5年ぶりに自民党と協力関係になるのだ。二階氏はこの連立政権においても、ちゃっかり運輸大臣に就任している。

2000年には、連立解消を打ち出した小沢一郎氏と袂《たもと》を分かち、扇千景氏らとともに保守党を結成する。そして自民、公明との連立政権にとどまる。このころには、小沢氏も政治家としての勢いが衰えていた。そのため、二階氏は小沢氏に見切りをつけ、時の人でもあった扇千景氏と行動をともにしたのである。

2003年の衆議院選挙で保守党（当時は保守新党）は選挙で惨敗し、自民党に吸収合併される。しかし二階氏は選挙には強いようで、保守新党が惨敗したこの選挙でも、当選を果たしている。

その後、二階氏は自民党で小泉首相に急速に接近する。

2005年に小泉首相が郵政民営化を強行し、衆議院を解散した、いわゆる「郵政解散」では、二階氏は郵政民営化に反対する議員の選挙区に刺客候補を送り込むなど急先鋒となって働く。

その結果、経済産業大臣として入閣するなど、小泉政権でも重用されるようになる。

こうして見ると、二階氏は田中角栄、小沢一郎、小泉純一郎など**「時の人」**に対する臭覚が異常に鋭いことがわかる。時の権力者とうまく接近し、その人のために懸命に頑張り重用されてきたのだ。

また二階氏は、離合集散を繰り返してきたわりには、あまり敵をつくっていないのも特徴である。たとえば、現在の小池百合子東京都知事とも懇意である。小池氏は、国会議員だったとき、新進党、自由党、保守党などで二階氏と行動をともにしていた。その後、若干、両名は違う道をたどるが、いまだに昵懇《じっこん》の間柄を保っているのである。

おそらく彼にとって時流を読むことが重要であり、強い政治理念などというものがなかったので、他者と激しく意見が対立するようなことがあまりなかったのだろう。

昨今、自民党と小池百合子氏の関係は微妙なものだが、二階氏は自民党と小池氏の間を取りもつような立場にいるのだ。

こういう絶妙なポジショニングが、二階氏が重用される要因でもあるのである。

絵にかいたような**「昭和の政治家」**なのだ。

集金力は自民党でナンバー1

現在、二階氏は自民党で二階派と呼ばれる派閥を率いている。この二階派は、国会議員の人数でいえば、自民党では5番目であり、弱小勢力といえる。

が、二階派のパーティー集客力は自民党でも最高とされており、一回のパーティーで4000人を集めたこともあった。

現代の日本において、パーティーの集客力というのは、その政治家の権力を示すバロメーターでもある。パーティーで人を集めれば集めるほど資金を得ることができる。

パーティー券は数万円もするのに、ほとんど食事らしい食事も出ないので、その差額は主催者側の収入になる。また人がそれだけ集まるということは、選挙のときの集票にも大きく関係するというわけだ。

この政治家のパーティーというのは、**「癒着」や「利権」の温床**になっている。

企業や業界団体が政治家に献金をすれば申告し公表しなければならず、世間から批判を受けやすい。

しかし、パーティー券の購入であれば、それを逃れることができるのだ。

政治資金規正法では一応、20万円以上のパーティー券を購入した者の氏名等は、申告しなければならないことになっている。が、一つの企業からの参加でも、役員や社員などがそれぞれ独自にパーティー券を購入したことにすれば、申告の必要はない。

20万円以上のパーティー券購入の「あっせんをした者」も申告しないとならないことになっているが、あっせんをしたかどうかというのは、どうにでも言い逃れができるのだ。

政治家としてはパーティー券を買ってくれる企業や業界には、便宜を図りたくなるはずだ。ちなみに二階氏のパーティーに参加するのは、ほとんどが観光業界、建設業界の関係者だという。

世間的に言えば、二階氏は観光業界、建設業界から多額の献金を受けていたのと同じことのはずだ。だが、現行の法律では、パーティー券という形を取っていればＯＫということとなっているのだ。

そして二階氏のパーティー券をたくさん買う業界は、今回のＧｏ Ｔｏトラベルのように大きな恩恵を受けることができるのだ。

和歌山県の公共事業が激増

二階氏の最大の〝悪行〟は、地元和歌山県に天文学的な公共事業を誘致したことである。同氏が、自民党で重きをなすようになり要職を歴任するにしたがって、和歌山県の公共事業費が激増するのだ。

しかも、それは「ちょっと他県より多い」程度の話ではない。例年の10倍になったり、東京よりも多くなったりしているのである。

二階氏は、２００８年8月、2度目の経済産業大臣に就任した。

同氏は２００５年にも、経済産業大臣のポストに就いている。これは小泉内閣において、郵政選挙での活躍の論功行賞の意味合いで与えられたものである。小泉内閣は「公共事業削減政策」を行っていたので、小泉政権時代の二階氏は地元に対してあまり利益誘導は行っていない。

が、2008年の2度目の経済産業大臣就任時には、自民党の公共事業復活の流れもあって利権政治家としての本性を表すことになる。露骨に地元への利益誘導を始めるのだ。

経済産業大臣として予算の策定に最初に関わった2009年度予算では、次の表のように、なんと4300億円もの公共事業が国から和歌山県に投じられることになったのだ。

これは北海道に次いで全国で第2位の金額である。筆者も当初この数字を見たときは、桁を一つ間違っているのではないかと思い、2度確認したほどである。

この年は東京への国からの公共事業費が3800億円なので、東京の公共事業費よりも大きいのである。人口900万人以上を擁し日本の首都である東京よりも、人口90万ちょっとの一地方都市に過ぎない和歌山のほうが公共事業の金額が多いのである。

どう考えても法外な支出である。

その翌年は、自民党は選挙に敗れ民主党政権になったため、和歌山県の公共事業費は大幅に削られた。が、道路建設などすでに予算がついた事業は継続されることが多いので、和歌山県の公共事業費は全国平均から見ればかなり高い。

国の和歌山県と奈良県への公共事業支出費用
（国土交通省の統計より抜粋）単位・百万円

	和歌山県	奈良県	備考
2008年	40872	32323	
2009年	434636	48775	二階氏、経済産業大臣就任（前年8月）
2010年	37585	46339	民主党政権
2011年	51656	36287	↓
2012年	100287	31876	↓
2013年	213899	31201	二階氏、衆議院予算委員長に就任
2014年	248521	43913	↓
2015年	128247	40877	↓
2016年	82525	46738	二階氏、自民党幹事長に就任
2017年	43216	23380	↓

和歌山県と奈良県の県民1人あたりの国の公共事業支出費用
（国土交通省の統計より抜粋）単位・円

	和歌山県	奈良県	全国平均
2008年	43297	23961	32307
2009年	460419	36156	36787
2010年	39815	34351	27475
2011年	54720	26899	24231
2012年	106236	23629	28724
2013年	226588	23129	40211
2014年	263264	32552	37793
2015年	135855	30302	33473
2016年	87420	34646	34753
2017年	45780	17331	32067

第二次安倍政権発足以降、安倍首相の地元の山口県で、国の公共事業が激増していることは先に述べた通りである。が、和歌山の公共事業の激増ぶりは、山口県をはるかにしのいでいる。予算、利権に関しては、二階氏のほうが**安倍首相よりも一枚も二枚も上手**だったということである。

予算委員長の地元に公共事業が集中するという凶行

そして第二次安倍政権になり、二階氏は衆議院の予算委員長に就任した。

この2013年からはまた和歌山県の公共事業費が激増することになる。

この年の和歌山県の国からの公共事業費は、北海道、福島に次いで全国3位なのである。この年も東京よりも多く、しかも東日本大震災で大きな被害を受けた東北の5県よりも多いのだ。

隣の奈良県と比較すれば、その異常さは一目瞭然である。和歌山県と奈良県は、どちらも南近畿にあり、状況はよく似ている。が、71ページの下の表のように和歌山県の1・5倍の人口を有する奈良県は、この十数年ずっと和歌山よりもかなり公共事業費が少ないのである。2009年などは、県民一人あたりの公共事業費の額は、10倍以上の開きがあるのだ。

なぜ和歌山がこんなに巨額の国の公共事業を受けたのか？　だれしもが大きな疑問をもつはずだ。

この時期に和歌山では何をそんな巨額の公共事業が行われていたのかというと、高速道路の新設や基幹道路の4車線化の工事である。それらは東北地方の復興事業や、首都圏の整備費用よりも優先すべきことのはずはないのだ。

そして和歌山県の巨額の公共事業受注は、二階氏が衆議院の予算委員長を務めている間はつづくのである。

予算委員会というのは、予算策定の実務を担う機関である。委員長はそのまとめ役である。予算を分捕ろうと思えば、一番やりやすいポジションであることは間違いない。

しかし税金というのは国民のものであり、国会議員はそれを預かっているに過ぎない。当然、その使い方や管理には、最高の厳格さが求められる。予算委員会が勝手に費消していいものでは絶対にない。

予算委員長が地元に巨額の予算を誘導するということは、会社の会計係長が自分の親しい社員にばかり会社の経費を使わせているようなものである。もしそんな会計係長がいれば、すぐにクビになるはずだ。しかし、民間企業では普通にあるはずのチェック機能が国会では働いていないのだ。

百歩譲って、もし二階氏の意向はまったく反映されておらず、他からの要望で和歌山県に巨額の予算がつけられたとしよう。が、その場合でも、予算委員長という立場ならば、自分の地元にそれだけの予算がつけられるのはおかしいと指摘し、修正させるべきである。しかも、この和歌山県の予算は、明らかに異常値なのである。

普通の人間の感覚ならば、委員長として絶対にこの予算を通していいはずがないのだ。

「予算委員会の委員長の地元に法外な予算が配分される」

というのは、どういう方向から吟味しても、正しいことであるわけはない。

どんな言い訳をしようと、どういう理由づけをしていたところで、人の道として許されるわけはない。小学校の道徳の教科書の最初のページに「絶対してはならないこと」と例示されるべき「わかりやすい悪徳」である。しかし、その「人として絶対してはならないこと」が日本の国会では、日本の政治では、まかり通ってきたのである。

しかし和歌山県は限界集落に

この和歌山県の巨額の公共事業誘致は当然、国にとっては害にしかなっていない。本来、お金が必要な場所にまったく配分されないことになっているからだ。東京の荒川の堤防工事が半分も完成していないのも、東京の循環道路がいつまで経っても整備されないのも、こういうことが理由なのである。

しかも、この巨額の公共事業費は和歌山県自体にも、決して良い影響をもたらさなかったのだ。

というのも都道府県の人口減少ランキングにおいて和歌山県は、この10年間ワースト6位に位置しているのである。つまり東京を超える巨額の公共事業を受注していながら、人口の流出が止まらないのだ。

和歌山県の人口は、2020年4月1日現在、91万7252（男43万1410、女48万5842）人である。和歌山県の人口は、24年連続で減少している。つまり二階氏が国会議員として頭角を現し始めてから、ずっと人口が減少しているのだ。

2020年の出生数は過去最低の5848人だった。1967年の調査開始以来、出生数は5年連続で過去最少を更新している。二階氏が自民党の重鎮となり、和歌山に巨額の予算をつけるようになったのとほぼ同時期に、出生減の記録更新をつづけているのである。この1年間で1万556人も減少しており、過去もっとも多い数値である。和歌山県は県全体がいずれ消滅してしまう「限界集落」になりつつある。

これは当然と言えば、当然の結果でもある。

というのも和歌山県は巨額の公共事業を受注する一方で、生活インフラは途上国並みなのである。

前述したように和歌山県の下水普及率は、なんと27・9％しかなく、徳島県に次いでワースト2位なのだ。前にも述べたように、東南アジアでも下水の普及率は50％近くあるのだ。和歌山県の生活インフラは、東南アジアよりも低く、アフリカ並みだと言えるのだ。

4車線の高速道路がバンバン開通し、パンダを6頭も保有する一方で、下水普及率が途上国並み。

県民一人あたり40万円もの公共事業が行われても、それは県民のために使われるものではない。利権の周辺にいる者たちのために使われるものなのである。だから、この莫大な公共事業費は、和歌山県のためにすらなっていないのだ。

和歌山県の若者は地元では職もなく、結婚もできず、ましてや出産などできるはずもない。彼らは夢を持てずに都会に出て行くしかないのだ。

それが**「二階氏の利権政治のすべて」**だといえる。

この和歌山県の実情というのは、日本全国の税金の無駄遣いを象徴しているものだといえるのだ。

国土強靭化推進本部の本部長という悪いジョーク

二階氏は自民党の国土強靭化推進本部の本部長でもある。

自民党の国土強靭化推進本部というのは、「災害の多い日本の国土に防災工事を施して強靭化させよう」という趣旨で、民主党政権時代につくられたものである。

荒川の防災工事が半分も終わっていないことや、広島県で豪雨被害の後に、公共事業が削減されたことなどについて、二階氏は国土強靭化推進本部の本部長としてどう考えているのだろうか？　何も責任を感じていないのだろうか？

まあ、答えは出ている。何も思っていない、何も責任を感じていないのである。

もし二階氏が、そのことに心を痛めるような人物であれば、こんな日本にはなっていないだろう。国土強靭化推進本部というのは、実際は、公共事業予算増額のための理由づけにつくられただけである。

本当にこの国はもうおしまいなのだ。


日本全国民に大きな損害を与え、和歌山県民さえ恩恵を受けず、ただ一部の者だけが法外に潤うという仕組み。

二階氏はなぜ政治家になったのだろう、と筆者は思う。国にも地元にも害になることしかせず、自分の仲間や支援者だけがいい思いをする。そういうことをしたくて政治家になったのだろうか？

政治家というのは、できるできないはともかくとして、国を良くしたい、故郷を良くしたいと思ったから、政治を志したのじゃないのか。ちょっと考えれば、自分のやっていることが国や地元のためにまったくなっていない、どんどん悪くするほうに向けているということは、わかるはずだ。それともまったくわからずに、自分はいいことをしていると信じているのだろうか？

二階氏の頭の中を覗いてみたい。

パンダが6頭いて、4車線の立派な高速道路がバンバンできて、それでも下水は途上国並みにしか普及しておらず、人口流出が止まらない。そういう和歌山県のことが二階氏の目には、どういうふうに見えているのだろうか？

二階氏は「故郷に錦を飾った」と思っているのだろうか？

天文学的な公共事業費を使いながら、首都圏の真ん中を横たわる荒川の防災工事さえ完成していない日本という国は、二階氏にはどう映っているのだろうか？

「俺が政権与党の中枢にいるから日本は立派になった」

とでも思っているのだろうか？

政治センスのないミニ田中角栄

そもそも地元に利権を誘導するという政治手法は、田中角栄が始めたものである。

国会議員というのは「国全体のことを考える」という建前があったので、角栄以前の国会議員は露骨に地元に利益誘導をすることはなかった。もちろん、選挙のために利益誘導をする国会議員は多々いた。が、田中角栄のように大っぴらには行っていなかったのだ。

しかし田中角栄以来、国会議員の多くが地元に利益誘導することをまったく隠そうとしなくなった。というより、それを前面に打ち出し、「自分に票を入れれば、利権を持ってくる」ということを堂々と述べるようになったのだ。

田中角栄は国民全部に年金を行き渡らせたり、テレビ放送を素早く許可するなど、抜群の政治センスも持っていた。

また田中角栄の時代、1960年代は、まだ日本の道路はボロボロだった。だから、日本列島の隅々にちゃんとした道路をつくるということは、社会インフラの整備として非常に意味のあることだった。

国民的な人気と抜群の政治センスのあった田中角栄

が、今の利権政治家たちには、そういう政治センスはなく、利権しかないのだ。つまり、いいところはまったくなく、悪いところしかないのである。

その代表的な政治家が二階氏なのだ。

新型コロナの感染者が再び増加しつつあるときに、Ｇｏ Ｔｏキャンペーンを前倒しして実施するなどというのは、どう考えても政治センスがあるとは言えない。

二階氏にとって政治とは利権なのだ。

だから国民全体が困ろうと、不満をもとうと、自分とつながりのあるものに対する利権は死守する。彼が死守してきた利権は、**国民の幸福や命と引き換え**のものだったのだ。

もし二階氏が田中角栄レベルの規模で利権政治を行っていれば、さすがにだれか気づくだろうし、マスコミでも叩かれるはずだ。しかし同氏の場合、いろんな意味で田中角栄よりはかなりスケールが小さい。

またもし二階氏一人がこういう利権政治をしていれば、やはり目立つことになるし、世間から批判されるはずだ。が、二階氏のような利権政治家は、何百人(数え方によっては何千人)もいる。だから二階氏の〝悪行〟はこれまで世間から見過ごされており、時々、週刊誌で叩かれるくらいで収まってきたのだ。

この二階氏のような小悪党が日本には数百人くらいいるのだ。

この小悪人どもが、税金を貪り喰らいつづけているのだ。

その結果、都心部の循環道路さえ整備されていないのに、四国と本州の間に3本も橋が架けられるような、デコボコだらけのインフラ未整備国家になってしまったのである。

第3章

持続化給付金で本当に儲けた奴ら

持続化給付金は天下りの温床

これまで、政治家とその関係者たちが税金をめちゃくちゃに浪費していることをご説明してきた。

政治家の次に、税金を浪費しているのはだれだろうか？

「それは官僚じゃないか」

と思っている人も多いだろう。そして非常に**残念なことに、その推測は当たっている**。

むしろ官僚の税金浪費は、政治家のそれよりもひどいかもしれない。

税金で、もっともボロ儲けしているのは、官僚なのかもしれない。

そのわかりやすい例をまず一つ挙げたい。

新型コロナ対策において、持続化給付金の中抜き問題が大きくクローズアップされた。

持続化給付金というのは、新型コロナにより経営が悪化した中小企業に、悪化状況に応じて現金を給付するという事業である。

中小法人で最高200万円、個人事業者で最高100万円が支給されるものだ。経営悪化している事業者は多いので、給付の総額は膨大になると見込まれ、事務委託費だけで769億円もの予算が組まれた。

この持続化給付金の事業が、「サービスデザイン推進協議会」という団体に769億円という巨額な費用で事務委託され、その委託費は20億円抜かれた後、さらに電通などに再委託されていた。それが発覚し、問題となったのだ。

しかも、「サービスデザイン推進協議会」が受注した国の事業は今回が初めてではない。2016年の発足から2020年までのわずか5年間で、経済産業省の事業を1546億円も受注していたのである。

実はこの問題は、官僚の天下りと大きく関係している。

この持続化給付金の委託を受けた「サービスデザイン推進協議会」という団体は、天下りの巣窟《そうくつ》なのである。

サービスデザイン推進協議会の理事の中には、天下り官僚はいない。

さすがに国から莫大な委託費を受け取っている団体に、天下り官僚などがいれば世間から叩かれるのはわかっているので、官僚たちはそんなヘマはしない。

が、サービスデザイン推進協議会に名を連ねている企業が、天下りの代表的な受け入れ先なのだ。

サービスデザイン推進協議会は、電通、パソナ、トランスコスモスなどによってつくられた団体である。

電通は2018年にも元総務省事務次官の桜井俊氏を取締役に受け入れるなど、官僚の天下り先として非常に有名な企業である。

またパソナという会社は人材派遣業であり、小泉内閣の経済政策を一手に引き受けていた竹中平蔵氏を会長に迎え、官僚の再就職業務（つまりは天下りのあっせん業務）なども行っていた **「天下りの総本山」** のような会社である。

そしてサービスデザイン推進協議会の理事として名を連ねている「日本生産性本部」という公益法人も、天下りの総本部のような法人である。日本生産性本部とは、労働問題などを研究するシンクタンクだが、国から莫大な補助金をもらっている。

そして、この日本生産性本部は、大量の天下り官僚を受け入れており、国会などで何度も批判を浴びて、その都度規模を縮小されるのだが、いつの間にか復活して肥大化するという**ゾンビのような集団**なのだ。

このように電通、パソナ、日本生産性本部は、日本の天下りを象徴する存在なのである。彼らが中心になってつくられた「サービスデザイン推進協議会」が、どういうものなのか、赤ん坊でもわかるはずだ。

「官僚を優遇する企業に国の美味しい仕事を与える」というわかりやすい腐敗の構造。

実は現在の日本は、こういうものばかりなのだ。

天下り官僚の報酬が高いといっても、天下りを受け入れる側の企業は、せいぜい数千万円から数億円の支出で済む。それだけの支出で数百億円の事業が受注できるのだ。まさにボロ儲けである。

天下りがなくならないはずである。


元官僚として、筆者はこういうのを嫌というほど見てきた。

こんなひどい状態なのに、日本はよく国として成り立っているものだと思うほどである。おそらくその他大勢の国民が必死で頑張っているから、日本は崩壊せずにもちこたえているのだ。

そもそもなぜ給付金業務を民間に委託するのか？

持続化給付金に関しては、

「そもそも、なぜ国の事業である給付金業務を民間企業に委託するのか？」

という大きな疑問がある。

こういう国の業務を民間企業に委託すると、個人データを民間企業に流すことになり、さまざまな問題が生じる。

特に、今回の持続化給付金などはそうである。

持続化給付金というのは、経営状態が悪化した事業者が申し込むものである。

当然のことながら申請する際には、経営内容を記した書類を提出しなければならない。

電通やパソナなどは、全国の「経営が悪化した事業者」のデータを入手できるわけだ。

国の委託業務を受けた企業には一応、守秘義務があるが、取得したデータをこっそり使っても外部からはバレようがない。

また電通やパソナは、持続化給付金業務に適しているとは決して言えない。

彼らは各事業者の経営データを持っているわけではないので、もし事業者が本当は給付対象者ではないのに、適当に資料を作成して申請しても、それを見破る術《すべ》がない。
実際に相当な数の**「不正受給」**が発生している。

国には大量の公務員がいるわけだから、国が自分でやろうと思えばやれるはずである。というより、本来、国がやらなければならない業務なのだ。国にはそれだけの人員がいるのだ。

百歩譲って、経済産業省にはその能力がないとしても、国家公務員全体を使えば簡単に可能なのである。たとえば国税庁を利用すれば、電通やパソナなどに委託するより、はるかに安全でスムーズに業務が行えたはずなのだ。

国税庁は日常的に税金や還付金の振り込みを行っているので、各事業者の銀行口座なども把握しており、支給もスムーズに行える。

また国税庁はもともと各事業者の経営データなどは扱っているので、申請内容をスピーディーにチェックできるし、不正の申請を見破ることも可能である。

国税庁には全国で5万人の職員がいる。

現在は国家の一大事なのだから、そのうち5000人を新型コロナ給付金業務に割いたとしても、まったく不自然ではないはずだ。

国税職員5000人が一人あたり1日20件の審査業務をすれば、1日で10万件の給付金支給が可能になるのだ。

国税庁の仕事の3〜4割は税務調査であり、税務調査というのは削減しようと思えばいくらでも削減できるのだ。また最近は新型コロナの影響で税務調査はあまりできていないはずである。不要不急の外出の自粛要請が出ているとき、国税もそうそう税務調査に行くわけにはいかないし、経営が悪化している事業者が多いので、こんなときに税務調査を行うと国民に反感を買う。

つまり、国税庁から人員を何割かほかの業務にあたらせることなど、まったく造作ないのである。

しかも彼らは国家公務員なので、事務委託費などまったく不要である。

つまり電通などが受けとった769億円の事務委託費は、本来まったく不要なものだったのだ。

が、官庁には、そういう発想は絶対に出てこないのである。

官僚たちは自分たちの利権を確保するためには、電通やパソナに便宜を図らなければならない。つまり持続化給付金の事務委託費の769億円は、まったくの無駄金であり、官僚のために使われた金なのである。

本来、国がやるべき仕事を別の団体に委託し利権を確保するという手法は、**官僚の常とう手段**でもある。

今回の持続化給付金の委託問題については、新型コロナという世界的な災厄でのことであり、世間が関心を持っていたので「発覚」ということになったが、国の事業ではまだ発覚していない「委託問題」が腐るほどあるのだ。

大量の不正受給が発生するのは当たり前

そして、案の定、持続化給付金では大量の不正受給が発生した。

しかもその手口は、今まで事業をやってこなかった普通の会社員や大学生が、持続化給付金を申請するだけという驚くほど単純なものだった。

たとえば山梨の大学生が事業を行っていないにもかかわらず、事業を行っていることを装い、100万円の給付を受けていたことが報じられた。

また新聞社の沖縄タイムス社の社員が、これも事業を行っているふりをして180万円の給付金を受けていたことが発覚している。しかも、この沖縄の事件は、税理士や暴力団が絡んだ組織的な不正受給が行われた可能性があるという報道があった。まだ全貌は明らかになっていないが、数億円単位での不正受給があったとみられている。

これらの事件は、給付を受けてから発覚したものである。申請の時点で発覚したものではない。つまり一度は給付されているということである。

逆に言えば、持続化給付金は「普通の会社員や大学生が申請しても簡単に給付されてしまう」ような、ずさんな仕組みを持っていたのだ。申請の時点では、まったくチェック機能がなかったに等しい。

そして、おそらく発覚したのは氷山の一角である。

経済産業省は、これから不正受給について調査していくと述べている。が、そもそも経済産業省は、日本全国の事業者を調査することには慣れていない。おっとり刀で大量の**不正受給者をすべて見つけ出すことなどは絶対に不可能**である。

もし国税庁がこの業務を行っていれば、こんなずさんなことには絶対にならなかったはずだ。まず申請の時点で、事業を行っていたかどうかは簡単にチェックできる。またもし不正があっても、国税庁には全国に調査網があるため、少しでも不審な点があればその場で調査できるのだ。

どう考えても、持続化給付金を民間企業に委ねたのは不自然で不合理である。

「自分たちの利権を守るために、国民に多大な損害をもたらす」

という持続化給付金は、まさに**日本の官僚たちの生き方を象徴する事業**だったといえる。

諸悪の根源「キャリア官僚」とは？

「官僚の天下り」といっても、すべての官僚が天下りで美味しい思いをしているわけではない。天下りでいい思いをしているのは、ほんの一握りの官僚だけである。

それはいわゆる**「キャリア官僚」**である。

キャリア官僚というのは、キャリア試験と呼ばれる国家公務員試験に合格して、官庁に入った者たちのことである。

日本で国家公務員になるためには、ざっくり言うと、国家1種、国家2種、国家3種という試験があった。そのうち国家1種試験は非常に難関であり、超一流大卒程度の学力が必要となる。この試験のことがキャリア試験と呼ばれていたのだ。

この国家1種試験に受かったキャリア官僚というのは、国家公務員全体で1％ちょっとしかいない。

キャリア官僚は、本省勤務、海外留学、地方勤務、他省庁への出向などを経て、ほぼ全員が本省課長クラスまでは横並びで出世する。キャリア以外の官僚、いわゆるノンキャリアは、どんなに頑張っても定年までに課長補佐になれるかどうかなので、その差は歴然である。

キャリア官僚とノンキャリア官僚の違いは、新幹線と在来線の各駅停車にたとえられる。新幹線ならば1、2番目に止まる駅が、在来線の各駅停車には終着点になるというわけである。

そして、このキャリア官僚たちは、各省庁の事務方トップを務め、総理の秘書官などのポストも占めるので、事実上、日本を動かすということになるのだ。

20歳そこそこのときに難しい試験に受かったというだけで、将来、日本を動かす地位が約束されるのだ。こんな前時代的なシステムは、先進国はどこも採っていない。

日本の官僚システムは相当に遅れたものであり、欠陥だらけなのだ。

そのためマスコミなどの批判をたびたび受けてきた。

それを受けて、国家公務員試験の制度は、2012年から改正され、これまで国家1種とされていたものが「総合職試験」、2種、3種とされていたものが「一般職試験」ということになっている。

また「総合職試験」には、大学院卒を対象とした「院卒者試験」なども導入している。採用試験には、政策企画立案能力、プレゼンテーション能力を検証する「政策課題討議試験」なども導入されている。

人事院は、「キャリアシステムと慣行的に連関している採用試験体系を見直し、能力、実績にもとづく人事管理への転換をはかる」としている。

が、現在のところ、本質的にはそれほど変わっていないといえる。なぜなら現在の各省庁のトップは相変わらずキャリア官僚たちであり、トップどころか上層部の大半を占めているからだ。

しかもキャリア官僚には、**「闇の早期退職制度」**という、国民にとっては**「無駄で迷惑」**としか言えない制度がある。

これは「同期の一人が事務次官にまで上り詰めたら、他の同期は皆やめる」という制度である。別に、法律でそう定まっているわけではないが、慣習上そうなっているのだ。

つまりキャリア官僚のうち定年まで勤められるのは同期の一人だけで、あとは皆、言ってみれば捨てゴマのようなものなのだ。

たった一人の事務次官を出すために、数十年競争させ、勝者が決まったら、後はみなお払い箱なのである。彼らの官僚生活というのは、まるで精子の競争のようなものなのだ。

50歳代で役所から放り出される彼らは、必然的に再就職しなければならない。そのため各省庁は天下りのポストを確保するために、許認可の権利を振りかざして民間企業と癒着したりするのだ。

キャリア官僚は生涯で10億円稼ぐ

このキャリア官僚の最大の弊害は、税金の浪費である。

キャリア官僚は、巨大な利権をもっている。日本の官庁は、このキャリア官僚の利権を守るために、巨額の税金を無駄に費消しているのである。

キャリア官僚というのは、その報酬自体はそれほど高いものではない。最高のポストである事務次官でも、年収は3000万円程度である。一流企業であれば、年収3000万円程度はざらにいる。それに比べれば、それほど高いとは言えない。

これは、日本の官僚特有の「まやかし」である。

日本の官僚制度では、官僚の待遇は表向きはそれほどよくはない。国民の批判を浴びないためである。

しかし裏では、巨大な好待遇が用意されているのだ。

その最たるものが、**「天下り」**なのである。

キャリア官僚が、天下りでどれくらいのお金を稼いでいるのか、統計調査などは行われておらず、正確な実態は明らかになっていない。

が、あるキャリア官僚が、「自分の先輩がどのくらい稼いでいるのか」を調査し、記録した資料がある。

週刊朝日の2012年8月3日号に載った記事によると、大武健一郎元国税庁長官が、歴代国税庁長官、財務事務次官の01〜04年の天下り先と、納めた所得税額を調べた資料があり、それを妻が週刊朝日にリークしたという。その資料によると、年間5000万円以上の報酬を受け取っているものもおり、生涯で10億円稼ぐものも珍しくないとのことである。

普通のサラリーマンの生涯収入の4~5倍である。

しかも彼らは、この金のほとんど退職後の10年足らずのうちに稼ぐのだ。

天下り先を数年ごとに変えていき、いくつもわたり歩くことを**「わたり」**という。この「わたり」によって、彼らは短期間で巨額の荒稼ぎをするのだ。

こういう美味しい制度があるために、官僚たちは一生懸命、天下りを受け入れてくれる企業に便宜をはかろうとする。

電通やパソナが濡れ手に粟で巨額の委託金をせしめるのも、このためなのだ。

天下り企業に流れる巨額の税金

キャリア官僚のほとんどは、退職後、日本の超一流企業に天下りしている。

たとえば三井、三菱などの旧財閥系企業グループをはじめ、NTT関連、トヨタ、JT(日本たばこ産業)、旭化成、日本生命、ニトリ、伊藤園、プリンスホテルや、各種の銀行、金融機関など枚挙に暇がない。大半の一流企業で天下り官僚を何らかの形で受け入れているとさえいえる。

しかも彼らは数社から「非常勤役員」の椅子を用意されるので、ほとんど仕事もせずに濡れ手に粟で大金を手にすることができるのだ。

また民間企業への天下りがあまりにひどいと国民の批判を浴びるため、官僚たちはさまざまなカモフラージュを用意している。

その一つが、民間企業ではなく、**「業界団体」に就職する**という手である。

日本の各業界では業界団体というものが存在する。たとえば製薬会社の場合、日本製薬工業協会などの業界団体がある。その業界団体に役員や理事として入るのだ。

現在の日本製薬工業協会の理事長は、厚生労働省のキャリア官僚である。こういう業界団体は各地域に支部もあり、そこにもキャリア官僚たちの天下り席が用意されている。

これらの「民間企業への天下り」というのは、単にキャリア官僚が民間企業から多額の報酬をもらっているというだけの話ではない。天下りを受け入れる側としては、当然、大きなメリットがあるから、それを行うのである。

持続化給付金の委託事業などを見ればわかるように、天下り受け入れ企業は官庁から有形無形の多大な恩恵を受けている。

それは、みな我々の税金なのである。

そして持続化給付金の委託事業の769億円などは、**氷山の一角の先端部分の一部**に過ぎない。その何百倍、何千倍の税金が、天下り先の企業に流れていることを、我々は肝に銘じておかなければならない。

官僚のもう一つの巨大利権

官僚には、二つの巨大な利権がある。

一つは、これまでご紹介してきたような「民間企業への天下り利権」である。

そして、もう一つは**「半公的団体への天下り利権」**である。

官僚たちは、民間企業だけでは天下りのポストが足りないし、世間の風当たりもあるので、税金を使って半公的団体をつくり、そこの役員になどに天下りするということも行っている。つまりは、自前で天下りポストをつくるというわけである。

日本の官庁は全国津々浦々に半公的団体をつくり、莫大な税金を浪費しつづけているのだ。

官僚たちは、もっともらしい理由をつけて、半公的法人をつくる。そして莫大な補助金を投入したり、法的な独占特権を与えたりする。

たとえば冒頭にご紹介した日本生産性本部もそうであるし、国土計画協会、民間都市開発推進機構、道路新産業開発機構など、これも枚挙に暇がない。

そこに天下り官僚たちが理事として納まる。

半公的団体では、官庁よりもはるかに高い報酬や退職金を払うことができる。公務員のように報酬の規定がないからだ。天下り官僚たちは、それを悪用して2、3年役員として半公的に入り、莫大な退職金を手にする。一人でいくつかの半公的団体を回り、その都度、報酬と退職金をもらうのだ。

こんなことをしていては**税金が足りなくなるのは当然**なのだ。

「国の業務委託」は官僚の利権の温床

たとえば、「国民年金基金連合会」という団体がある。

これは、自営業者向けの公的年金である「国民年金基金」を取り仕切る団体だ。

そもそも自営業者の公的年金を扱うのならば、厚生労働省が直接行えばいいはずである。なのに、なぜ「国民年金基金連合会」という団体をかませるかというと、もちろん官僚たちが天下り先を確保するためなのだ。

この「国民年金基金連合会」は、「国民年金基金」だけではなく「確定拠出年金」にも携わる形を取り、国民の社会保険料から手数料という名目で莫大なピンハネをしているのだ。

また高速道路は半公的団体が管理しており、ここも天下りの巣窟となっている。

現在、日本の高速道路は、非常に複雑な組織体系で運営されている。

「独立行政法人・日本高速道路保有・債務返済機構」という組織が、日本の高速道路を所有していることになっている。

そして、この「独立行政法人・日本高速道路保有」が東日本、中日本、西日本などの6つ高速道路会社に、「高速道路を貸し出す」という形になっている。

この組織体系について、まず大きな疑問として、なぜ「独立行政法人・日本高速道路保有」が必要なのか？　ということがある。

日本の高速道路を国土交通省の管理下に置き、6つの高速道路運営会社に直接貸し出せばいいじゃないか、という話である。国土交通省が一つの部署をつくり、職員4～5人も当てれば、それくらいの業務は十分にできるはずだ。

わざわざ「独立行政法人・日本高速道路保有」を一枚、かませなくてはならないのか？

ここも、キャリア官僚たちのかっこうの天下り先になっているのである。

この独立行政法人の6名の理事のうち、3名は国土交通省からの出向役員である。

実はこの「出向役員」という肩書が、**非常なクセモノ**なのである。

官僚の天下りが問題化されるようになって、官僚側はこの「出向役員」という肩書を多用するようになったのである。

出向役員というのは、公務員の身分のまま、出向した役員ということである。

つまり、「公務員を退職しているわけではないので天下りではない」という論法である。

しかし実質的には、退職するキャリア官僚が天下りする代わりに出向役員という形をとることが多いのだ。

現在、国の方針では、独立行政法人などの役員には「官僚ＯＢは半分以下にとどめるべき」ということになっている。「独立行政法人・日本高速道路保有」は、この国の方針の枠をギリギリまで使っているのである。

日本のこの道路機関は、官僚たちの悪知恵を象徴するようなものである。

いくつものパイプをかませ、お金の流れを複雑にして、外部からは、「本質」を見えにくくしている。まるでマフィアがマネーロンダリングをするがごとく、である。

そして、一つのパイプごとに、必ず官僚がピンハネをしているという構造である。

それが、巨大な無駄を招いているのだ。

日本の高速道路は、ほかの国から見ると法外に高い。単純な比較は難しいが、**先進国の高速料金は日本の半額以下**である。

このバカ高い高速道路の料金は、巡り巡って官僚たちの懐に入る仕組みになっているのだ。

第4章

竹中平蔵氏の〝史上最悪の天下り〟

天下りの巣窟「パソナ」とは？

数ある天下りの中でも、もっともたちが悪く、規模の大きい天下りをこの章ではご紹介したいと思う。その天下りとは、国務大臣が引退するとほぼ同時に私企業の重役になるというものである。

そして**天下り企業の名はパソナ**である。

持続化給付金の委託事業者の中に、電通とともに発起企業として名を連ねていたのが、パソナである。

パソナは人材派遣企業の最大手の企業である。パソナは創業以来、大々的に官僚の天下りを受け入れており、典型的な政官癒着型の企業でもある。

またパソナという企業は、今までさんざんスキャンダラスなことが報じられてきた企業でもある。

特に有名なのが、「仁風林《にんぷうりん》問題」である。

パソナは東京・元麻布に仁風林という厚生施設をつくり、そこに政治家、官僚、有名人などを招いてパーティーを開くなどしていたのだ。この「仁風林」には、喜び組のような女性の接待係もおり、怪しい事件の舞台ともなったのである。

覚せい剤で逮捕されたミュージシャンのASKAもこの仁風林の常連だったことが知られている。それどころかASKAの逮捕現場にいて一緒に逮捕された栩内《とちない》香澄美という女性は、パソナの社員で仁風林の接待役だったという。この辺の事情は、週刊誌等でかなり暴かれているのでご存じの方も多いだろう。

パソナの仁風林には、与党だけじゃなく野党の大物議員も多数招かれていたというから始末に負えない。

このようにパソナとは、叩かずとも埃《ほこり》がたつような企業である。

これほど怪しい企業であるのに、パソナは国の重要な事業を受注しつづけた。パソナが受注したのは、持続化給付金などサービスデザイン推進協議会関係の事業ばかりではない。たとえば、第一次安倍内閣の時代に「国家公務員人材バンク」という事業が行われた。これは国家公務員の天下りをなくすという名目で、国家公務員の再就職を政府が一元的に管理するという事業だった。そして求職、あっせんなどの業務は民間企業に委託されることになった。

この業務をほぼ独占的に受注したのが、パソナなのである。

この「国家公務員人材バンク」はまったく成果を挙げられなかったのですぐに廃止になったが、その後もパソナはさまざまな国の事業を受注することになる。

昨今では、パソナは自衛隊の幹部の天下りを大量に受け入れている。そしてパソナは自衛隊の福利厚生事業などを全面的に受注している。非常にわかりやすい、天下り→利権獲得のビジネスモデルをもつ企業なのである。

そのパソナの数ある天下りの中でも、もっとも悪質なものが**竹中平蔵氏の天下り**である。

前代未聞、「大臣の天下り」

竹中平蔵氏というと、ご存じのように小泉内閣の経済政策を一手に引き受けてきた経済学者である。金融担当大臣、総務大臣などを歴任し、国務大臣の連続在職期間は当時の史上最長記録でもあった。

が、竹中平蔵氏は小泉政権の終焉とともに政界を去る。2006年9月に、参議院議員としての任期を4年近くも残し、政界からの引退をしたのである。

それから半年も経たない2007年2月、竹中氏はパソナの特別顧問に就任するのだ。総務大臣というのは、さまざまな許認可をもつ総務省の長である。普通の感覚で言えば、総務大臣をやめてすぐに民間企業に入るというのは、ありえないことである。しかし、普通の感覚は持っておらず、金のため、権力のためならば何でもするのが竹中平蔵氏なのである。

政治家が企業の顧問などに就くことはときどきある。企業側としてはもちろん政界、官界とのパイプを求めてのものではあるが、仕事や責任はほとんどなくお飾り程度の職務がほとんどである。

菅首相の相談役ともいわれる
竹中平蔵氏

しかしパソナと竹中氏の場合は違った。2009年8月には、取締役会長に就任しているのだ。竹中氏は政界引退後も政策決定会議などのメンバーになっているが、ここでパソナの利益になるような提言をいくたびも行っている。

政治家の天下りというのは、あまり聞いたことがない。

日本の政治家というのは、私企業に便宜を働いてもらったり、利益供与を受けることはあっても、自分が私企業の中に入り、私企業のために働くということはほとんどなかった。これは日本の政治家の**「最低限の道義」**だったと思われる。

アメリカ、アジア、アフリカなどの国では、政治家自身がビジネスに関与し、政治権力とビジネスを結び付けて巨額の富を得るというケースがある。日本の政治家も決して身ぎれいな人ばかりではなかったが、そこまでのひどいものはこれまで出てこなかった。

しかし竹中平蔵氏は、これまで日本の政治家が守ってきた「最低限の道義」をいとも簡単に破ったのだ。

国務大臣を5年も務め、しかも総務大臣という許認可権のラスボスのような職務を長年務めた政治家が、引退後すぐに私企業に入り、私企業のためにガッツリ動くなどということは、政治倫理のかけらもないものである。

しかも、国務大臣としてのキャリアをまったく捨てて別の世界で頑張っているわけではなく、国務大臣としてのパイプをフルに使ってのビジネスである。

日本の政治史において、重大な汚点だといえる。

パソナへの露骨な利益誘導

しかも、竹中氏は露骨にパソナに対する利益誘導を行っている。

普通、天下り官僚というのは、天下り先の企業に対してあまり露骨に利益誘導を行ったりはしない。それはもちろん天下り先の利益誘導などをするのは、**「イケナイこと」**だという意識が働くからだ。しかし、そういう「人として当然の意識」は竹中氏にはまったくないのである。

たとえば第二次安倍内閣が発足したとき、竹中平蔵氏は政府の諮問機関である「産業競争力会議」のメンバーとなった。竹中平蔵氏は、この「産業競争力会議」において、企業の「再就職支援のための助成金の支給」を強く提言した。

よくこんな露骨な提案をしたものだと感心するほどである。この再就職支援は、もろにパソナの利益に直結するものだったからだ。しかも、この助成金の案は採り入れられた。

この提案を受けるほうも受けるほうである。日本の政治家たちがいかに「政治オンチ」かということである。

再就職支援の助成金でパソナが儲かる仕組み

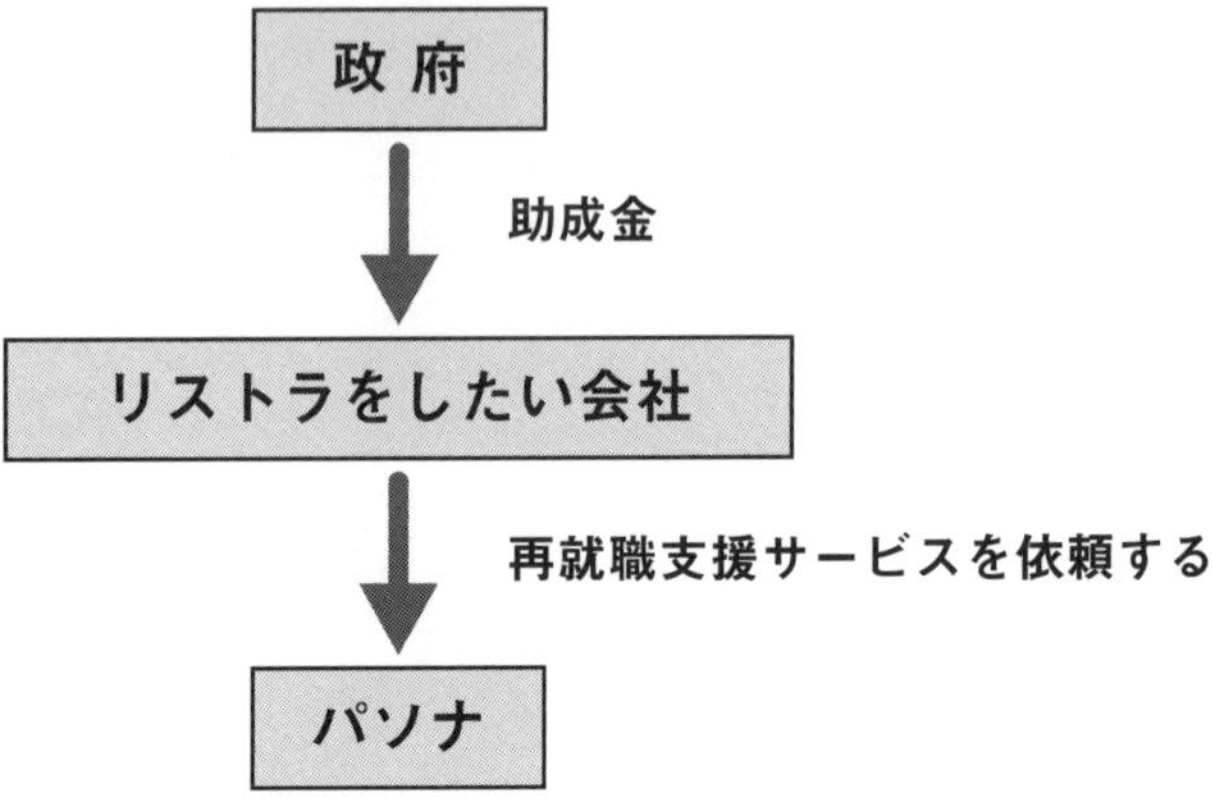

この助成金は、パソナが直接もらうものではない。しかし、結果的にパソナが潤う仕組みになっているのだ。

まずリストラをしたい会社は、再就職支援をすることを条件に政府から助成金をもらう。リストラ一人あたり60万円である。そしてリストラをしたい会社は、その助成金を使って再就職支援のサービスをしているパソナなどに、依頼することになるのだ。

つまり政府の助成金がリストラしたい会社を経て、パソナに流れる仕組みとなっているのだ。

この助成金は２０１４年度の予算で３００億円も計上されており、その後も数百億円規模の予算がつけられている。

続・疑惑だらけの人

そもそも竹中平蔵氏は、この天下りの件だけではなく、政界に入る前から疑惑だらけ、スキャンダルだらけの人物なのである。二階俊博氏と同様に、その半生にはこれでもかというほど怪しい事柄が出てくるのだ。

竹中氏は小泉内閣での総務大臣時代に、建設土木関係の公共事業を大幅に削減したので、一見、二階俊博氏とは対極にあるようにも思える。

が、両者は表面がちょっと違うだけで、根はまったく同じなのだ。

というのも竹中氏は、「建設土木関係の公共事業」というルートを使わないだけで、ほかのルートで巨額の税金の浪費をさせてきたからだ。

また私腹を肥やしたという点では、二階氏など歯牙にもかけないほどの巨大な規模であり、見方によっては二階氏よりも悪質といえる。

そして両者は目先の利益、目先の権力、目先の名声しか見えておらず、国民生活を踏みつけにし、国家の存亡を危うくしても平気でいられる神経を持っている。

二階氏は古いタイプの「税金喰い」であり、竹中氏は新しいタイプの「税金喰い」というだけの話なのだ。

今の日本で最大の災厄となっているのは、

「特定の利権のために巨額の税金が浪費されていること」

「そのため必要な場所に税金がまったく使われていないこと」

である。

両氏は間違いなく、この災厄の要因の中にいるのだ。

両者は種類が違うだけで、国家を弱らせる病原菌であることには間違いないのだ。


竹中氏は一橋大学を卒業後、日本開発銀行に入る。

日本開発銀行というのは、国が所管する政策銀行であり、民間企業というより官庁に近いところである。しかも竹中氏は銀行員としての仕事はほとんどしておらず、すぐに同行の設備投資研究所の研究員になった。つまりまともにビジネスの経験を積むことなく、研究者としての生活に入ったのだ。

同氏は、「規制を緩和し市場原理を導入する経済政策」として知られるが、本人自体は厳しい経済市場の中でビジネス手腕を発揮したことなどは一切ないのである。

彼がビジネスの世界に入ったのは、大臣をやめた後であり、元大臣としてのキャリアやコネを使った「利権ビジネス」しか知らないのだ。ビジネスや市場原理の本当の厳しさはまったく経験したことがないのである。

竹中平蔵氏が世に出るきっかけになったのは、著書の出版である。しかし、これにも大きな疑惑があるのだ。

彼の半生を追究した著書『竹中平蔵　市場と権力』（佐々木実著・講談社）には、次のようなことが記されている。

竹中氏が日本開発銀行の設備投資研究所にいたころ、上司に佐貫利雄氏という人物がいた。佐貫氏は当時、この設備投資研究所の副所長で、新聞や雑誌にも投稿し著作もある新進気鋭のエコノミストでもあった。竹中氏はこの佐貫氏に自分から声をかけ、著書の執筆の手伝いなどをするようになった。

佐貫氏は、竹中氏を寵愛するようになり、東洋経済新報社の編集者を紹介した。

そして「単著で本を出せ」とアドバイスした。単著というのは、自分の名義だけ本を出すことである。それに対し、他者と共同で本を出すことを共著という。佐貫氏は、「共著では自分の実績にはならない」と竹中氏に助言したのである。

竹中氏はそのアドバイスを受け、佐貫氏から紹介してもらった東洋経済新報社から『研究開発と設備投資の経済学』という本を出版した。

この本は、サントリー学芸賞を受賞するなど一定の評価を得た。

しかし、この本は、いわくつきの本だった。

というのも設備投資研究所の同僚である鈴木和志氏との共同研究をもとにして書かれたものであり、また同じく同僚の高橋伸彰氏が書いた論文からグラフが無断で引用されていた。このグラフは高橋氏独自の研究によるものであり、高橋氏の論文の核となるものだった。しかも、この本全体が、設備投資研究所の研究成果をまとめたような内容だったにもかかわらず、竹中氏から事前に設備投資研究所に相談するようなことは一切なかった。

以上が、『竹中平蔵　市場と権力』に記されている内容である。

もし現代ならば、ネットでガンガンに叩かれていたところだろう。

が、当時は、そういうことにもならず、無断使用された同僚たちが泣き寝入りするだけで済んでしまった。

彼の人生をたどっていくと、こういう出来事ばかりに出くわすのである。

この本の出版は竹中氏にとって大きなターニングポイントになった。

本を出すということは、世間で注目される度合いが大きい。大して実績がない人でも本を出したということで、世間はそれなりに評価してくれる。しかも竹中氏の場合、賞まで取っているのだ。

世間の人は、すごい人だと思っただろうし、それが世の中の信用になったわけである。が、当時の竹中氏は本来、本を出せるようなキャリアではなく、また書いた本の内容も自分自身だけの力ではなかった。

竹中氏は非常にイカサマくさい方法で、世間に名前を知らしめたのである。

竹中氏は、この日本開発銀行・設備投資研究所の研究員だったころに、アメリカのハーバード大学、ペンシルバニア大学に留学し、客員研究員になる。このアメリカ留学時代に、アメリカの競争原理に感化されたようである。

しかし学者としては今一つだったようで、母校の一橋大学に論文を出し経済学博士の取得を試みたが、教授会の審査により不合格になっている（その後、大阪大学で博士号を取得）。

その一方で上の者に取り入るのは巧みだったようで、大阪大学の助教授のポストを得たり、民間のシンクタンクに採用されるなど、研究者としては順調すぎるほどの出世をする。政界などにもコネをつくり、政策会議などにも呼ばれるようになる。そして小渕内閣の経済戦略会議の委員に選出され、以降、政権の内部に食い込むようになる。

竹中平蔵氏は話が非常にうまかったので、テレビ番組などの出演機会も増えるようになった。新進のエコノミストとして世間にも注目されるようになった。

マクドナルド未公開株でボロ儲け

そして竹中平蔵氏は、小泉内閣の発足と同時に「経済財政政策担当大臣」として入閣を果たす。

が、それとほとんど同時に、ある疑惑がもち上がった。

小泉内閣が発足して3か月後のことである。

日本最大の外食チェーン「日本マクドナルド」がジャスダックに上場し、株式公開をした。この日本マクドナルドの株は、上場すれば高値がつくことが予想されており、実際に株式公開後には初値に4700円という高値がついた。

竹中平蔵氏は、このマクドナルドの株を公開前から１５００株も購入しており、濡れ手に粟で儲けることができた。

竹中平蔵氏は、入閣する前まで日本マクドナルドの創業者、藤田田《ふじたでん》氏がつくった経営シンクタンク「フジタ未来経営研究所」の理事長を務めていた。１９９０年代に大企業がシンクタンクをつくるのがブームになった時期があり、竹中氏はこのブームにちゃっかり乗り、いくつかのシンクタンクの理事になっていたのだ。

竹中氏は「フジタ未来経営研究所」の理事長職は、小泉内閣で入閣するときに辞職している。が、未公開株はしっかり保持していたのだ。

これは法に触れるものではないが、竹中平蔵氏は当時、経済財政政策担当大臣である。私企業の未公開株を保持していたというのは道義的に大きな問題だといえる。

が、この当時、マスコミは竹中平蔵氏に寛容だった。

たとえば、政府を批判ばかりしていたテレビ朝日のニュースステーションという報道番組でも、キャスターの久米宏氏が**「経済政策担当大臣が金儲けがうまいのは悪いことではない」**という発言をしていた。

確かに普通の株の売買で利益をあげたのであれば、経済的センスがあるということになるだろう。が、竹中氏の場合はコネを使って、「普通の人が手に入れることのできない未公開株」を購入して利益をあげているわけだ。マスコミとして、そういう点はきちんと批判すべきだったはずだ。

当時は、90年代の巨額な公共事業と政治家の利権に、国民がうんざりしていた時期であり、国民は改革者を待望していた。その時流に乗じて人気を博したのが小泉内閣だった。そして小泉内閣の閣僚人事の目玉でもある竹中平蔵氏は、改革の旗手と目されていたのだ。だから、マスコミも当初は同氏をもち上げていたのである。

しかし残念ながら、竹中平蔵氏は改革者ではなく、新たなる略奪者に過ぎなかったのである。しかも以前の略奪者よりも、**はるかに巧妙で狡猾**な、である。

ミサワホーム乗っ取り問題

竹中平蔵氏の疑惑は、まだまだとどまるところがない。

2004年、住宅メーカー大手のミサワホームが経営不振に陥って、産業再生機構の管理下に入り、最終的にトヨタに買収されるということがあった。このミサワホームの買収劇に関して、竹中平蔵氏が大きく関与していた疑惑がある。

当時のミサワホームでは、竹中平蔵氏の兄の宣雄氏が役員をしていた。この兄を通して、竹中氏はミサワホーム側に産業再生機構の管理下に入ることを勧めている。またトヨタとの交渉の席を設定するなど、積極的にトヨタへミサワホームの買収を仲介したという。

ミサワホーム側は、産業再生機構の支配下に入ることなどについて、当初は抵抗していたが、メインバンクのＵＦＪ銀行からも再三の圧力があり、最終的には受け入れざるをえなくなった。

そして産業再生機構の支配下に入った後、トヨタに買収された。

この件について当時のミサワホームの経営者だった三澤千代治氏らは、竹中平蔵氏に対して**「国務大臣としての職権濫用」として刑事告発**している。この職権濫用問題は、訴追されないままになってしまった。

しかも、しかも、である。

トヨタがミサワホームを買収した後、兄の竹中宣雄氏がミサワホームの社長に就任しているのだ。

前掲の『竹中平蔵　市場と権力』によると、ミサワホームの創業者である旧経営者の三澤千代治氏は「彼が社長になった理由？　弟が大臣様だったからだとしか考えられないでしょう」と述べたという。

普通、国務大臣たる人は自分が関与した買収劇において、買収後に自分の兄を社長にしたりはしないはずだ。どこからどう見ても、竹中氏の関与が絶対に疑われるものだからである。百歩譲って兄が自分の実力で社長になったとしても、普通の人間の感覚ならば、「今の時期に社長になるのは疑われるのでやめてほしい」と制止するはずである。

が、竹中平蔵氏は人としての羞恥心《しゅうちしん》はもち合わせていない。自分が関与した買収企業に兄を社長としてすえるなど、まるで途上国の独裁者のようである。

こういう件についても、なぜ当時のマスコミがちゃんと取り上げなかったのか、不可思議である。

こんなイカサマくさい人間が歴代の首相に重用され、政権の中枢に長い間、居座っているのである。日本の政界がいかにレベルが低いかということだろう。

しかも竹中氏は現在でも財界、政界に広範なコネクションをもち、いくつかの大企業に顧問として迎えられ、政府の政策決定にまでいまだに大きな影響力を持っている。

国がダメになっていくわけである。

税金は払うものではなく、もらうもの

竹中平蔵氏は、パソナに天下りして国の事業をパソナに誘導するなど、巨額の税金を浪費した人であるが、その一方で、**自分自身は税金を払わない人**でもあった。

彼には、住民税を脱税していたという疑惑もあるのだ。

これは小泉内閣時代に国会でも追及されたことなのでご存じの方も多いと思うが、その全貌はあまり知られていないので、改めてご説明しておきたい。

竹中平蔵氏が慶応大学教授をしていたころのことである。彼は住民票をアメリカに移し日本では住民税を払っていなかったのだ。

住民税というのは、住民票を置いている市町村からかかってくる。だから住民票を日本に置いてなければ、住民税はかかってこないのだ。

もちろん本当にアメリカに移住していたのなら、問題はない。しかし、どうやらそうではなかったのだ。

この当時、アメリカでも研究活動をしていたので、住民票をアメリカに移しても不思議

ではない。でもアメリカでやっていたのは研究だけであり、仕事は日本でしていたのだ。

竹中氏は当時も慶応大学教授であり、実際にちゃんと教授として働いていたのである。

竹中大臣はこの時期、所得税の申告は日本で行っている。もし竹中大臣がアメリカに居住していたということであれば、所得税も日本で申告する必要はない。

なぜ所得税は日本で申告したのに、住民税は納めていなかったのか。

竹中平蔵氏は、**住民税の仕組みの盲点**をついていたのだ。

住民税は、1月1日に住民票のある市町村に納付する仕組みになっている。1月1日に住民票がなければ、どこかの市町村がそれを知ることはないので、どの市町村も納税の督促をすることはない。だから、1月1日をはさんで住民票をアメリカに移せば、住民税は逃れられるのだ。

しかし、これは**違法であり、脱税**なのだ。

竹中平蔵氏は、「住民税は日本では払っていないが、アメリカで払った」と国会で主張していた。日本で払っていなくてもアメリカで払っていたのなら、合法かどうかは別としてともかく筋は通る。それを聞いた野党は、「ならばアメリカでの納税証明書を出せ」と言った。でも竹中氏は、最後まで納税証明書を国会に提出しなかったのだ。

住民税というのは所得税と連動している。所得税の申告書を元にして、住民税の申告書が作成される。これはアメリカでも同じである。国内で所得が発生している人にだけ住民税がかかるようになっているので、アメリカで所得が発生していない竹中氏が、住民税だけを払ったとは考えにくい。

税制の専門家たちの多くは、竹中氏は**「ほぼ黒」**だと主張をしていた。

日本大学名誉教授の故北野弘久氏もその一人である。北野教授は国税庁出身であり、彼の著作は、国税の現場の職員も教科書代わりに使っている税法の権威者である。左翼上がりの学者ではない。その北野教授が、竹中平蔵氏は黒に近いとおっしゃっているのだ。

でもこの脱税疑惑は、うやむやになってしまった。

当時は小泉政権の支持率が絶頂のときであり、竹中平蔵氏の不祥事など世間はそれほど関心を持たなかったのである。

日本人の賃金を下げた張本人

これほど疑惑まみれ、不祥事まみれの人物であっても、政治家として優れた手腕があったならば、国民としては救われる。

しかし竹中氏の場合は、それもなかった。

それどころか日本に貧困をもたらした、日本に格差社会をもたらしたとさえ見られるようになった。時が経れば経るほど、竹中氏の経済政策は評価が下がっている。日本経済を衰退させてしまったのは、彼の経済政策によるものが大きいことがわかってきたのである。

竹中氏の実施した政策として、よく言われるのが規制緩和と公共事業の削減である。これらの政策は当時の国民にとっては、日本を変えてくれるのではないかという期待感があった。

が、竹中氏の行った規制緩和のほとんどは、アメリカが要求した構造改革のリストに基づいてやっていただけである。しかもその中には「製造業の派遣労働の解禁」などという、国民生活に大きなダメージを与えるものも多々含まれていた。現在の日本で、これだけ非正規雇用が増えたのは、彼の経済政策のためである（詳細は後述）。

また竹中氏は、確かに公共事業費を大幅に削減した。が、日本の公共事業で一番問題だったのは、**「政治家の利権絡みの公共事業が多すぎて必要な公共事業が行われていない」**ということだったのである。その最大の問題をおざなりにして、総額だけを無理やり減らしたのだ。だから今でも公共事業は利権の種になっており、二階氏のような政治家も相変わらず跳梁跋扈《ちょうりょうばっこ》しているのだ。

そして彼の政策の最大の罪は、**日本の雇用環境を滅茶苦茶にしてしまった**ことである。具体的に言えば、賃金を下げたことだ。

彼は、小泉内閣成立直後に書いた『みんなの経済学』（幻冬舎）という本の中で、こういうことを述べている。

「日本は労働分配率が高い。だから経済成長が止まっているのだ」

労働分配率とは簡単に言えば、サラリーマンの給料のことである。会社が社員に高い給料を払っているので、日本の経済がダメになったというのだ。

そして彼は、こうも述べている。

「労働分配率を下げれば、家計は苦しくなる。でもその分を投資で儲ければ補える」

つまり会社は給料を下げなさい、そして家庭は給料が下がった分は株で儲けて補いなさい、ということなのだ。

そして竹中平蔵氏は、日本の経済をその持論どおりに誘導していった。

法人税率は20％以上引き下げられ、高額所得者の税率は30％近く引き下げられた。

しかも投資家の税金は本来の半分の10％に免除された。また特定の期間に株の売買をした場合、税金をかけないという時限立法もつくった。つまり投資家は一定期間、所得税を免税されたのだ。

これによってライブドアや村上ファンドなどが台頭し、堀江貴文氏などはフジテレビ騒動で何百億円も稼いだのに**税金はわずか10％**という現象も生じた。

その一方で、企業は国の支持を背景にして、従業員の賃金を抑え込んだ。裁量労働制の拡充でサービス残業が蔓延《まんえん》し、労働者派遣法の緩和で派遣労働者も爆発的に増えた。特に製造業の派遣労働の解禁は、日本の労働市場に大きな影響を与えた。

なぜこれまで製造業の派遣労働が禁止されていたかというと、まず製造業というのは危険も大きいため、会社が従業員の安全に全責任をもつという意味が込められていた。同時に製造業に派遣労働を許してしまうと、ちょっと景気が悪くなったら、すぐに大量に解雇されてしまい、労働者の生活が不安定になるという危険があったからだ。

実際にリーマンショック直後には、製造業の派遣労働者が大量に雇い止めされ、路頭に迷った人たちが「派遣村」で年を越すというような事態が生じた。ワーキングプアという言葉が使われだしたのも、小泉内閣以降である。

しかも竹中平蔵氏は、製造業の派遣労働を解禁した2年後に大臣をやめ、「派遣会社」大手のパソナに重役として迎えられているのだ。あまりに**露骨すぎて笑い話にもならない**。ただただ唖然とするだけである。


日本はこの20年の間、先進国でほぼ唯一、賃金が下がった国になっている。ほかの先進国はほとんどが50%以上、中には100%近く賃金が上がった国もあるが、日本だけは賃金が下がっているのだ。

その最大の要因は、この竹中平蔵氏の経済政策にあるといえるのだ。

この竹中氏の「労働分配率だけを抽出して日本経済を分析するやり方」は、明らかに雑なものだったのである。

そもそも日本人の賃金はまだ欧米に比べて安く、バブル期であっても欧米のレベルには届いていなかった。また日本企業の利益率自体が欧米企業よりも低かったので、労働分配率が高くなるのは当たり前だった。だから賃金を減らすのではなく、日本企業の利益率を上げる方法を考えなくてはならなかったはずだ。

日本は高度成長以来、欧米よりも安いものを大量に生産するビジネスモデルでやってきた。日本産業全体が「薄利多売」だったので、利益率が低かったのだ。

しかし経済成長して人件費や物価が上がれば、そのビジネスモデルは難しくなる。日本も欧米のように付加価値の高いものをつくるモデルに転換しなければならなかったのに、それができていなかったのだ。

そして日本では、労働者の権利が欧米ほどきちんと守られておらず、サービス残業や有給休暇の未消化は当たり前だった。現在でも日本は、サービス残業や有給休暇の未消化などでは、世界最悪のレベルなのだ。

そういう日本の労使関係において、国が企業に対して「賃金を下げてもいい」という方針を打ち出せば、賃金の低下に歯止めがかからなくなることは目に見えていた。

欧米ならば、労働者の権利が厳重に守られているので、企業の論理だけで賃金を下げることはできない。欧米は厳しい競争社会のように見えるが、国民や労働者の権利は、何よりも大事にされてきたのだ。

あの自由の国のアメリカでさえ、日本の中央銀行にあたるFRBに「雇用を守る義務」を課しているほどなのだ。つまり失業が増えないように、FRBが努力する義務を負っているのだ。またアメリカの株式市場では労働環境が悪化したり、労働者の賃金が下がったりすれば、株価が下がる傾向にある。つまり、**「労働者の生活が守られないと、景気はよくならない」**という意識が国全体に浸透しているのだ。

竹中氏はそういう欧米の「雇用を大事にする文化」「労働者の生活を大事にする文化」に目を向けることなく、ただただ「株主を優先する文化」だけを強引に日本に導入しようとしたのである。

またサラリーマンに対して「賃金が下がっても、その分は株で稼げばいい」という主張も明らかに現実から乖離《かいり》している。もともとそれほど高くなかった賃金がさらに下げられれば、株式投資に回す余裕などはない。

だからほとんどの国民は、この20年間「賃金が下がっただけ」「生活が苦しくなっただけ」ということになってしまったのだ。

よく税金を浪費する政治家のことを「血税を無駄にする」という言い方をされることがあるが、竹中氏の場合は、そんな生ぬるい言葉では表現しきれない。血税を無駄にしているのではなく、**国民の血を吸っているに等しい**のではないだろうか？

国民は賃下げに苦しめられてきた

竹中平蔵氏の「賃下げ推奨政策」は、確実に国民生活に大きなダメージをもたらした。

この20年間、日本のサラリーマンの給料は下がりつづけている。

そして、この20年間でサラリーマンの給料が下がっているのは、先進国ではほぼ日本だけなのだ。

日本経済新聞2019年3月19日の「ニッポンの賃金（上）」によると、1997年を100とした場合、2017年の先進諸国の賃金は次のグラフのようになっている。

このように日本の賃金状況は、先進国の中では異常ともいえる状態なのだ。

この間、日本企業の業績は決して悪かったわけではない。

そもそも日本経済というのは、バブル崩壊後もそれほど大きなダメージを受けてはいなかった。バブル崩壊で株価が急落したので日本経済は多大なダメージを受けた印象があるが、相変わらず貿易黒字は累積しており、多くの企業で利益剰余金が積みあがっていた。不動産絡みの負債を抱えていた企業が苦しかっただけである。

2017年の先進諸国の賃金（1997年を100とした場合）

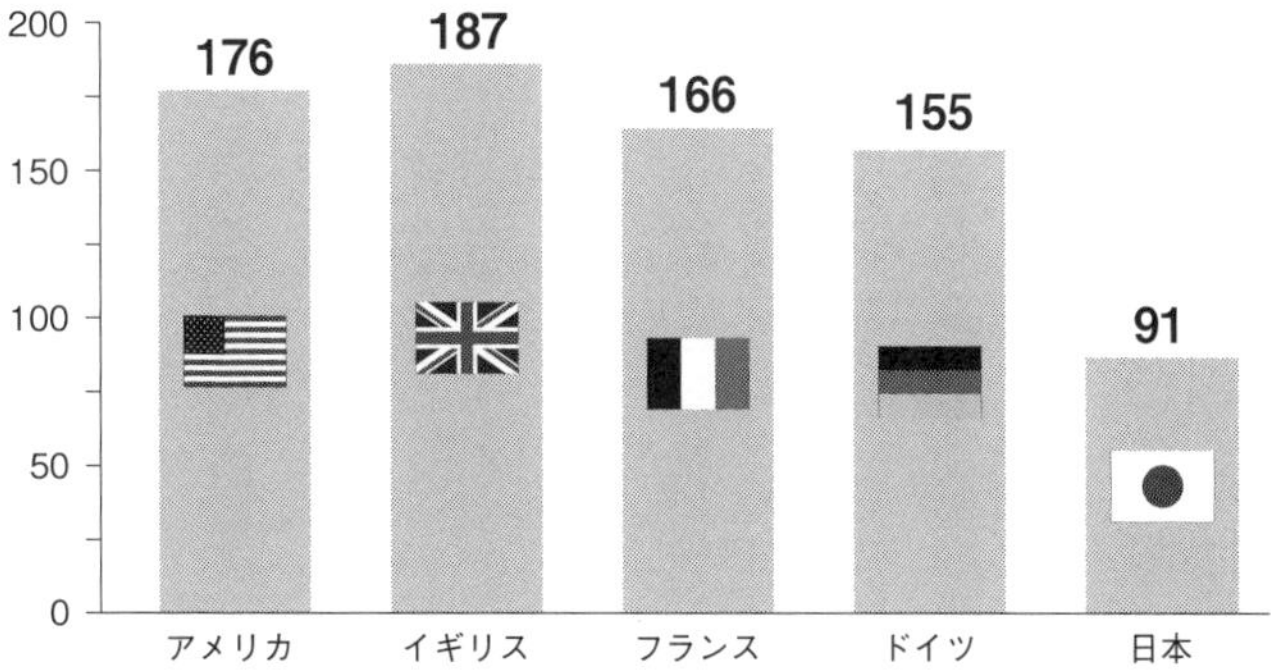

うすっかり忘れられているが、２００２年２月から２００８年２月までの73か月間、日本は史上最長の景気拡大期間（好景気）を記録している。

この間に、史上最高収益を記録した企業もたくさんある。トヨタなども、この時期に史上最高収益を出しているのだ。

平成時代というのは、**「史上まれに見る好景気の時代」**だったのだ。

次ページの表のように２００２年から２０１８年の間に、日本企業全体の経常利益は2倍以上になっている。

にもかかわらず賃金が下がりつづけてきたとは異常なことである。

もちろん竹中平蔵氏の**「賃下げ推奨政策」**が大きく関係している。

日本企業全体（金融、保険以外）の経常利益の推移

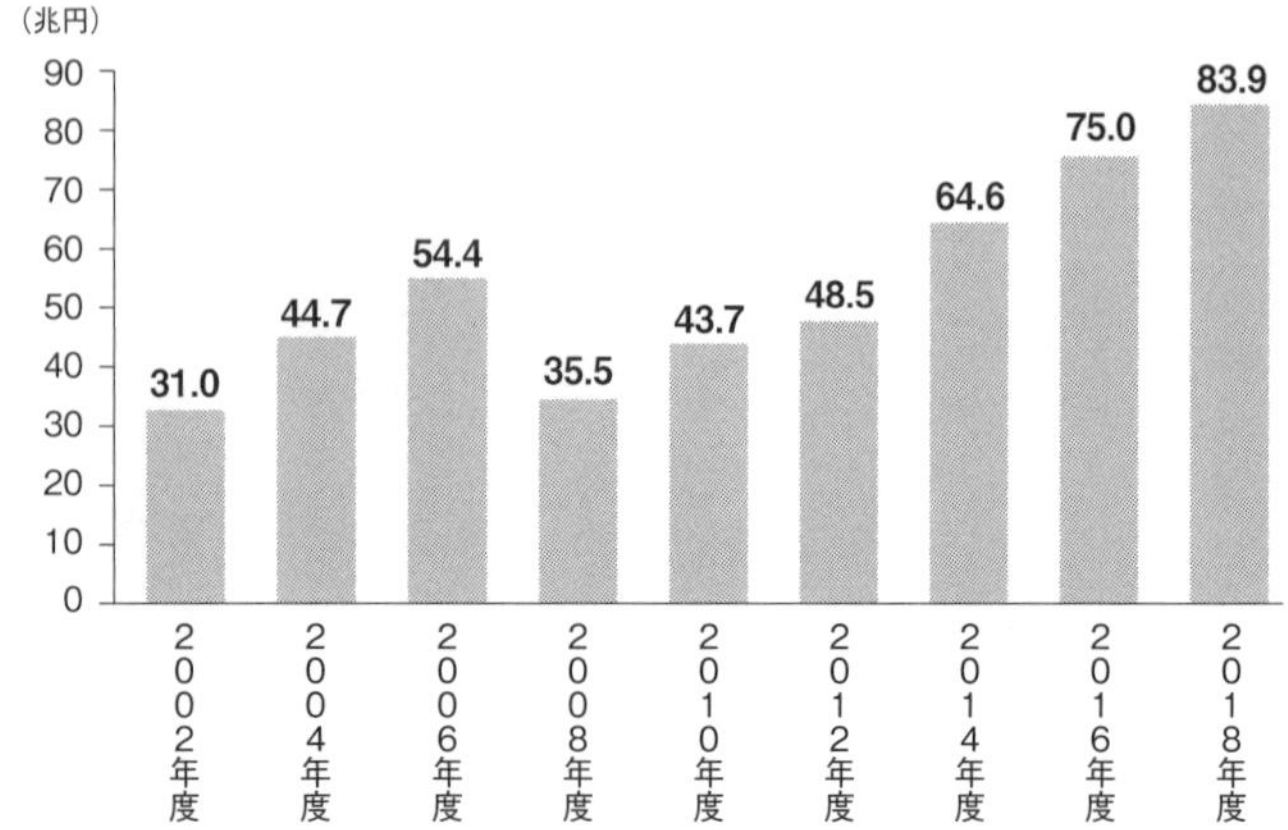

財務省・法人企業統計調査より

近代国家の先進国の政府というのは、普通、賃下げを推奨したりなどは絶対にしないものなのである。

企業というのはなるべく賃上げをしたくない、賃下げをしたいものである。そうしたほうが、経営者や株主の利益が増えるからである。しかし、そうなると国民生活が悪化する。そして国民生活が悪化すれば、長い目で見れば、経済自体も悪化していくのである。

また日本も高度成長期からバブル期にかけて、賃金の上昇というのは常に経済政策の最重要ポイントとなってきた。特に高度成長期では、「国民の所得を上げること」を最大の目標とし、「所得倍増計画」を遂行し、日本全体を豊かにした。

このように先進国の政府というのは「賃上げを後押しする」ことを基本姿勢にしているのだ。どう転んでも賃下げを後押しするようなことはしない。

おそらく近代の先進国の中で、賃下げを大々的に推奨した政府というのは、日本の小泉政権だけだと思われる。

政府が賃下げを推奨しているのであれば、企業としては万々歳である。大手を振って賃下げができるからだ。

平成時代、日本企業の業績は決して悪くなく、好景気がつづいていたにもかかわらず、ほとんどの国民はそれを実感していない。むしろ生活は苦しくなるばかりだった。

それは、当然である。近代国家として当然行われるべき**「賃上げ」**がされていないのだから。

日本に格差と貧困をもたらした

竹中平蔵氏の経済政策が本当に日本に格差をもたらし、国民を貧困化させたのか、詳しいデータを見て確認してみたい。

次の表は、サラリーマンの平均給与の推移である。

平均給与は小泉政権の前後はほぼ横ばいだったのが、小泉政権の時代に大きく下がっているのがわかる。

平成20年にはリーマンショックが起きているので、それから数年、給料が下がっているのは仕方がないことではある。が、これは小泉政権の後のことである。

小泉政権の時代というのは先ほども述べたように、当時、史上最長とされた好景気の時代もあったのだ。にもかかわらず、この時代にサラリーマンの平均給与は大きく下がっているのだ。

また138ページの表は、年収300万円以下のサラリーマンの人数の推移である。

年収300万円以下のサラリーマンの数も、小泉政権の時代に激増している。小泉政権の6年間で200万人も増えているのだ。その後の12年間では100万人しか増えていないのを見れば、いかに小泉政権の時代に社会の貧困化が急激に進んだのかがわかる。

次に高額所得者の推移を見てみたい。

139ページの表は年間所得5000万円以上の人数の推移である。

年間所得が5000万円あるような人は、総資産は1億円をはるかに超えているはずな

サラリーマンの平均給与の推移

平成9年	自民党橋本政権	467万3000円
平成10年	自民党橋本政権	464万8000円
平成11年	自民党小渕政権	461万3000円
平成12年	自民党森政権	461万円
平成13年	自民党小泉政権	454万円
平成14年	自民党小泉政権	447万8000円
平成15年	自民党小泉政権	443万9000円
平成16年	自民党小泉政権	438万8000円
平成17年	自民党小泉政権	436万8000円
平成18年	自民党小泉政権	434万9000円
平成19年	自民党第一次安倍政権	437万2000円
平成20年	自民党福田政権（リーマンショック）	429万6000円
平成21年	自民党麻生政権	405万9000円
平成22年	民主党政権	412万円
平成23年	民主党政権	409万円
平成24年	民主党政権	408万円
平成25年	第二次安倍政権	413万6000円
平成26年	↓	415万円
平成27年	↓	420万4000円
平成28年	↓	421万6000円
平成29年	↓	432万2000円
平成30年	↓	440万7000円

国税庁・民間給与実態調査より

年収300万円以下のサラリーマンの推移

年		人数	割合
平成11年	小渕政権	1491万人	33.2%
平成12年	森政権	1507万人	33.6%
平成13年	小泉政権	1549万人	34.4%
平成14年	小泉政権	1559万人	34.9%
平成15年	小泉政権	1607万人	36.0%
平成16年	小泉政権	1666万人	37.5%
平成17年	小泉政権	1692万人	37.6%
平成18年	小泉政権	1741万人	38.8%
平成19年	第一次安倍政権	1752万人	38.6%
平成20年	福田政権	1820万人	39.7%
平成21年	麻生政権	1890万人	42.0%
平成22年	民主党政権	1846万人	40.5%
平成23年	民主党政権	1866万人	40.8%
平成24年	民主党政権	1870万人	41.0%
平成25年	第二次安倍政権	1902万人	40.9%
平成26年	↓	1942万人	40.9%
平成27年	↓	1911万人	39.9%
平成28年	↓	1928万人	39.6%
平成29年	↓	1866万人	37.7%
平成30年	↓	1860万人	37.0%

国税庁統計資料より

高額所得者（年間所得5000万円超）の推移

年		人数
平成11年	小渕政権	40623人
平成12年	森政権	45356人
平成13年	小泉政権	43680人
平成14年	小泉政権	40035人
平成15年	小泉政権	40463人
平成16年	小泉政権	45882人
平成17年	小泉政権	53612人
平成18年	小泉政権	58381人
平成19年	第一次安倍政権	60318人
平成20年	福田政権	59227人
平成21年	麻生政権	47942人
平成22年	民主党政権	49882人
平成23年	民主党政権	52580人
平成24年	民主党政権	54863人
平成25年	第二次安倍政権	67351人
平成26年	↓	65243人
平成27年	↓	70023人
平成28年	↓	72709人
平成29年	↓	78136人
平成30年	↓	81275人

国税庁統計資料より

ので、超ミリオネアだといえる。

この表を見ると、小泉政権の前半は微減となっているものの、後半に激増していることがわかる。森政権時代と比べれば20％以上も増えているのだ。

つまり小泉政権というのは、明白に「格差を拡大し国民を貧困化させた」といえるのだ。

そして小泉政権のつくった流れが現在までつづいているのである。

デフレを解消するために国民生活を犠牲にする愚

「日本はデフレだから景気が悪い」

「デフレを早く脱却しなければならない」

ということがよくいわれる。

この「デフレ問題」というものを大きくクローズアップさせたのは、竹中平蔵氏である。竹中平蔵氏は小泉内閣の閣僚時代に、国会答弁でしばしば**「デフレは怖いですよ」**という発言を行った。

経済学用語のことがよくわからない野党の議員たちは、それを聞いて煙に巻かれたようになってしまっていた。

確かにデフレというのは、国の経済状態としてあまりいいことではない。が、デフレの何が怖いかというと「経済が縮小し、賃金や雇用が減ること」である。失業者が増え、路頭に迷う人が生じることが一番怖いことなのである。

そもそも経済というのは、「経世済民」という言葉が語源であり、民の生活を守り、世の中を安心させることが最大の目的なのである。

が、竹中平蔵氏がデフレを解消するために行ったことといえば、投資家を優遇し、サラリーマンの賃金を下げることだった。

つまりデフレを解消させるために、国民生活を犠牲にしたのである。

絵にかいたような**「本末転倒」**である。

しかも竹中平蔵氏の経済政策でデフレが解消したかというと、ご存じのようにまったく解消していない。

サラリーマンの給料が減れば、国民の購買力は減り、内需は縮小する。必然的にものの値段も下がり、デフレにつながっているのだ。

当たり前といえば当たり前の話である。

小学生でもわかる理屈である。

それがわからなかったのが、竹中平蔵氏なのである。

経済政策立案者としても、これ以上ないほどのポンコツだったのだ。

第5章

開業医と精神病院の税金ビジネス

一部の医療関係者が巨額の税金を喰っている

この章では、今までとは違う角度で、また恐ろしい話をしなければならない。

医療関係の話である。

医療関係も実は、巨額の税金を浪費しているのだ。それも明らかに不合理、不公正な形で、である。

断っておくが筆者は日本の「医療全体」を批判するつもりはない。

日本の医療の中には、社会のために懸命に働いてくださっている方々が多々いる。それは間違いないことである。

筆者が批判するのは、医療関係者の中のごく一部の者たちが明らかに不公正な形の巨大な利権をもっていることについてである。そして、それによって日本医療全体にしわよせが及び、社会のために頑張っている医療関係者たちが報われず、国民全体が大きな負担を負わされているのだ。

あまり知られていないが、税金で支出されている社会保障関連費のうち、もっとも多いのは**「医療費」**なのである。

医療費のほとんどは、社会保険で賄《まかな》われていると思っている人も多いだろう。しかし、日本の医療費は、社会保険だけでは賄い切れておらず、税金から補填されているのだ。その補填額が、社会保障関連費の中でもっとも多いのである。

定義によって若干違ってくるが、日本の財政支出のうち、もっとも大きいのは医療費だといえるのだ。

正当な医療費が不足し、社会保険料だけでは賄えず、そのために税金から支出されているのであれば、国民として仕方がないと思う。

しかし日本の医療の場合、異常なシステムがあり、一部の病院、医師だけが法外な高収入を得る仕組みになっている。そして、その一部の医療関係者のために、日本の医療費全体が引き上げられ、国民の税金を湯水のごとく浪費しているのだ。

ところで新型コロナ禍によって、日本の医療のいろいろな脆弱《もろ》さが明らかになった。

もともと日本人は日本の医療は世界最高レベルと思っていた。病院の数も、ベッドの数も人口比にすれば世界で一番多い。

しかし新型コロナ禍では、国民が不安になるほど医療体制の貧弱な部分が見えてきた。新型コロナ禍がもっとも猛威を振るっていた4月ごろ、

「日本の医療ではICU（集中治療室）が少ない」

ということが、よく報じられた。

日本のICUは、**先進国の中でも最低レベルである**、と。

「重症患者が大量に出たら対応しきれない」

だから日本では新型コロナに対しては当初、軽症患者はほぼ黙殺されてきた。軽症患者まで受け入れていると病院がもたないというのである。

確かに日本のICU（集中治療室）は、非常に少ない。

次の表が、主な先進国の人口10万人あたりのICUの数である。

日本は、韓国はおろか大量に死者を出しているスペインよりも少ないのだ。OECDの加盟国の中では下から2番目という低さである。

その一方で、先ほど述べたように日本は、病床数（入院患者のベッド数）は先進国の中で抜きん出て多い。

主な先進国の人口10万人あたりのICUの数

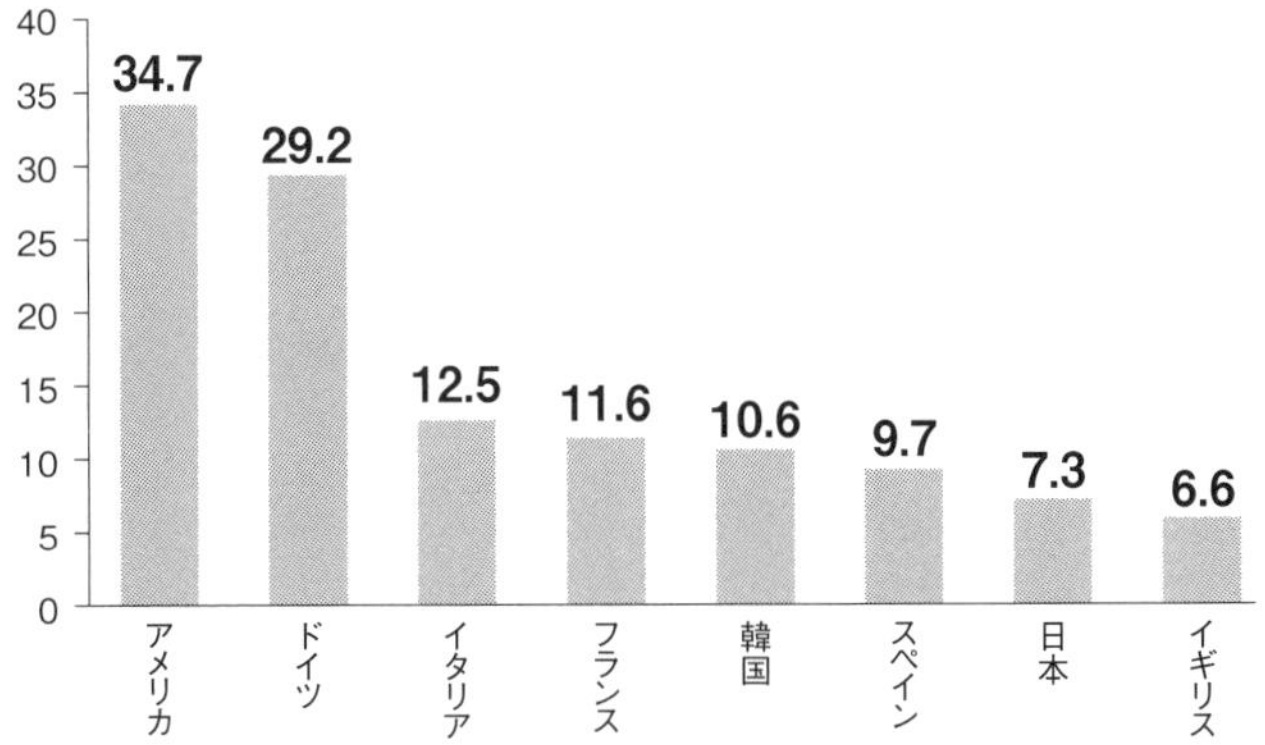

OECDデータより

「病床数は世界一なのに集中治療室は先進国最低レベル」

このいびつさこそが日本医療の暗部を象徴するものなのである。

またPCR検査の体制も整っておらず、人口あたりの検査数は世界で100何番目というような状態が長くつづいていた。

日本は、よくわかっていない要因〝ファクターX〟により、欧米よりも感染者数や死亡者数がかなり少ない。しかし、〝ファクターX〟のある国はどこもそうであり、韓国、台湾なども同様である。また日本の場合、欧米と比べれば感染者数などは少ないが、韓国、台湾と比べれば、新型コロナ対策はまったく褒められたものではなかった。

もし日本に〝ファクターX〟がなければ、欧米よりも悲惨な状況になったはずである。

それもこれも実は、日本医療の**「いびつなシステム」**が原因となっているのだ。

「いびつなシステム」を具体的に言えば、

- **開業医が異常に多いこと**
- **精神病院が異常に多いこと**

である。

日本の医療費の多くが開業医と精神病院に割かれているために、本当に必要な場所に医療費が賄われていないのである。だから集中治療室も足りないし、PCR検査体制も整っていなかったのだ。

そして一部の医療関係者だけが多額の収入を得ることができ、ほかの大半の医療関係者にはなかなか回されないという状態になっている。

公共事業や天下り官僚と同様の構図が、医療分野にもあるのだ。

「病院数」と「病床数」は世界一なのに……

あまり知られていないが、日本は病院の数が異常に多い。

日本には9000近くの病院、診療所があり、断トツの世界一なのである。世界第2位のアメリカですら6000ちょっとしかない。

アメリカは日本の2倍以上の人口をもつので、これは異常値である。

日本の人口100万人あたりの病院数は約67である。欧米の先進国の場合、もっとも多いフランスでも約52であり、アメリカなどは18しかない。

つまり人口割合で見ると、日本はアメリカの約3倍の病院があるのだ。


なぜ日本にこれほど病院が多いかというと、「開業医が多い」からである。

医者には大きく分けて、「開業医」と「勤務医」の2種類がある。

日本の場合は開業医の数が異常に多く、全体の3割にも達するのだ。また病院の9割は民間病院であり、その大半が開業医なのである。

だから日本ではこれほど病院が多いにもかかわらず、国公立病院が異常に少ないということになっている。国公立病院は日本の病床数の20％程度しかないのだ。

これは先進国としては異常なことである。

イギリス、ドイツ、フランスなどの先進国では、ほとんどが病床の半分以上が国公立病院なのだ。

アメリカは国公立病院の病床数はそれほど多くはない。しかし病床の大半は教会や財団などが運営する「非営利病院」である。

「日本の民間病院もほとんど非営利なのだから、アメリカの水準と変わらない」と反論する医療関係者もいるだろう。

しかし、それこそ詭弁《きべん》の最たるものであり、日本医療の暗部を象徴するセリフなのだ。

というのも日本の非営利病院と、欧米の非営利病院では名称こそ同じものの、中身はまったく違うものだからだ。

日本の非営利病院の場合、看板だけが「非営利」のものが多いのだ。

日本の開業医の病院も表向きは「非営利病院」となっている。が、日本の非営利病院の大半は、相続税対策などのため表向きだけ非営利病院にしているだけで**「実際は非営利で**

先進諸国の公的病院と民間病院の病床数の内訳

	公的病院	民間病院
日本	約20%	約80%
アメリカ	約15%	約85%（うち非営利70%）
イギリス	大半	一部のみ
フランス	約67%	33%
ドイツ	約50%	約50%（うち非営利33%）

「諸外国における医療提供体制について」厚生労働省サイトより

はないもの」がほとんどなのだ。

私大の附属病院や日本赤十字病院など、日本にも「本当の非営利の民間病院」もある。しかし大半は、事実上の個人病院を形式の上だけ非営利病院にしているのだ。

表向きだけは「医療法人」という非営利組織にしているが、実際は創立者の医者が経営権を握っていて、その医者の一族が代々の理事を務めるという状態になっているのだ。

そういう医者の子供は、一族の利権を守るために医者になることが多く、医者という職業は半ば世襲化している。

「医者の息子が何年も浪人して医学部に入った」

というような話をだれもがどこかで聞いたことがあるはずだ。そのカラクリは、こういうことなのだ。

医療費の多くが「開業医」に流れる仕組み

なぜ開業医がこれほど多いのかというと、民間病院には税制優遇措置や診療報酬の優遇措置などがあり、「儲かるから」である。

実際に開業医の収入は異常に高いのだ。

厚生労働省の「医療経済実態調査」では、開業医や勤務医の年収は、近年、おおむね次のようになっている。

開業医（民間病院の院長を含む）　約3000万円

国公立病院の院長　約2000万円

勤務医　約1500万円

このように開業医というのは、国公立病院の院長よりもはるかに高く、普通の勤務医の倍もの年収があるのだ。

国公立病院の院長になるということは大変なはずで、相当の能力があって相当の働きをしないとなれるものではないはずだ。

が、その国公立病院の院長よりも、開業医の家に生まれ、実家を継いだだけの医者のほうがたくさん報酬をもらっていたりするのだ。

同じ診療報酬でも、公立病院などの報酬と民間病院（開業医）の報酬とでは額が違う。同じ治療をしても、民間病院のほうが多くの社会保険報酬を得られるようになっているのだ。

ほかにも開業医は高血圧や糖尿病の健康管理をすれば、報酬を得られるなどの特権を持っている。

最近「メタボリック」という言葉が大々的に流布されたが、これも開業医の収入を増やすためのものだとも言われている。

これは国民にメタボリックの危険を植えつけることにより、開業医だけがもらえる「特定疾患療養管理料」という治療名目を増やそうということである。

この「特定疾患療養管理料」というのは、高血圧、糖尿病、がん、脳卒中など幅広い病気に関して療養管理という名目で、治療費を請求できるというものだ。

国公立などの大病院には、この「特定疾患療養管理料」を請求することは認められておらず、開業医にだけ認められているのだ。

簡単にいえば、大病院と開業医でまったく同じ治療をしても、開業医だけが「特定疾患療養管理料」という名目で治療費を上乗せ請求できるということだ。

患者は普通、医者の出した請求の通りに治療費を支払う。大病院と開業医との間で、料金の違いがあるなどとは知らない。それをいいことにドサクサに紛れて、上乗せで料金を請求しているのだ。


しかもしかも、最近ではほとんどの国公立病院では原則として、

「かかりつけ医の紹介状なしでは受診できない」

「もし紹介状なしで受診する場合は初診料が5000円程度上乗せされる」

という制度がある。

国民は病気をすれば、まず近くの開業医に行かなければならないという仕組みになっているのだ。

とにかくとにかく、日本の医療システムというのは、開業医の利権を守るようにつくられているのだ。

だから日本では医療費が必要なところに配分できず、集中治療室が先進国で最低だったり、新型コロナ感染者を受け入れる準備ができていなかったり、PCR検査機器が不十分だったりしたのである。

日本は世界有数の「医療費が高い国」

ところで日本という国は、世界でトップクラスの**「医療費が高い国」**でもある。

数年ほど前まで、「日本は先進国の中で医療費が著しく低い」というようなことが言われていた。確かに数年前までのデータでは日本の医療費（GDP比）はOECDの平均よりもかなり低いものとなっていた。

日本医師会なども、このデータを盛んに用いて「日本は医療費が安すぎる。もっと医療費を上げるべき」というプロパガンダを行っていた。日本医師会というのは開業医の団体である（詳しくは後述）。

しかしOECDの統計では、ほかの国は介護などの費用も医療費に含めていたのに対し、日本では含めていなかった。それが発覚したため2011年まで遡及《そきゅう》して、集計をやり直したのだ。

介護費などを含めて再集計すると、日本はOECDの中では6番目という「かなり医療費が高い国」ということが判明した。

これ以降、日本医師会は「日本は医療費が安いので医療費を上げろ」というキャンペーンは行わなくなった。

また日本では生活保護費の約半分が医療費なのだが、この分も集計から漏れていると考えられる。

そういうものを含めれば、日本は世界トップクラスの医療費高額国だといえる。

また前述したように国の予算の中で最大のシェアをもっているのは、医療費である。

2019年度の社会保障関連費内訳（財務省2019年度予算資料より）

医療費 →	約12兆円
年金 →	約12兆円
福祉（生活保護など） →	約4兆3000億円（このうち約半分は医療補助費）

「諸外国における医療提供体制について」厚生労働省サイトより

国の予算の中で一番大きいのは社会保障関連費ということになっている。２０１９年度の予算では、31兆６０００億円である。

社会保障関連費というと、年金や生活保護などをまず思い浮かべる人が多いようだが、社会保障関連費の中でもっとも大きい予算を食っていたのは医療費なのだ。高齢化の進行により年金の割合が増え、現在は医療費と年金はほぼ同額になっているが、長い間、医療費のほうが年金よりも大きかったのだ。

また先ほども少し触れたように生活保護に使われている予算の約半分は、医療補助費なのだ。生活保護受給者は医療費が無料であり、生活保護受給者の医療費は「医療補助費」として支出される。この医療補助費が生活保護費の約半分を占めるのだ。

だから社会保障関連費のうち、医療費と医療補助費を合わせれば、年金よりも大きい金額になり、実質的には現在も医療費がもっとも大きい項目なのだ。

このように日本国民は、世界でも高い医療費を払っているといえる。

そしてこの高い医療費の大半が、開業医に流れるシステムになっているのだ。

日本最強の圧力団体「日本医師会」とは？

なぜ開業医の利権がこれほど巨大なものになっているかというと、開業医には「日本医師会」という強力な圧力団体があるからだ。

日本医師会は、日本で最強の圧力団体と言われている。しかもこの団体は「医者の団体」ではなく**「開業医の団体」**なのである。

日本医師会という名前からすると、日本の医療制度を守る団体のような印象を受けるが、実際は開業医の利権を守る団体なのだ。

現在、日本医師会は、「開業医の団体」と見られるのを嫌い、勤務医への参加を大々的に呼びかけており、開業医と勤務医が半々くらいになっている。

が、勤務医が日本医師会に入るのは、医療過誤などがあったときの保険「日医医賠責保険」に加入するためであることが多いとされている。勤務医の大半は、「日本医師会が自分たちの利益を代表しているわけではない」と考えている。

また日本医師会の役員は今でも大半が開業医であり、「開業医の利益を代表している会」であることは間違いないのだ。

この日本医師会は自民党の有力な支持母体であり、政治献金もたくさんしているので、とても強い権力をもっているのだ。

そのため開業医は、さまざまな特権を獲得しているのだ。そして、その特権を維持しつづけているのである。

なぜ日本は寝たきり老人が多いのか？

開業医が優遇されていても、ちゃんと社会に役立つ医療を提供してくれているのであれば、国民として文句はないだろう。

が、開業医は「儲けるため」に、「国民の幸福」を踏みつけにしている場合が多いのだ。

たとえば日本では寝たきり老人などを増やして入院させ、多額の医療費を稼いでいることが多い。実は先進国の中で、日本は寝たきり老人が異常に多いのだ。

日本では、寝たきり老人が200万人いると推計されている。

これほど寝たきり老人のいる国は、世界中どこにもない。

というより欧米の先進国では、医療機関などには「寝たきり老人」はほとんどいない。

日本が高齢者大国だということを考慮しても、この数値は異常値なのだ。

そのカラクリも、せんじ詰めれば開業医の利権につながるのだ。

なぜ日本にこれほど寝たきり老人がいるのか。日本の医療現場では、「とにかく生存させておくこと」が善とされ、点滴、胃ろうなどの延命治療がスタンダードで行われているからだ。

自力で食べることができずに、胃に直接、栄養分を流し込む「胃ろう」を受けている人は、現在25万人いると推計されている。

これらの延命治療は、実はだれも幸福にしていないケースも多々ある。寝たきりで話すこともできず、意識もなく、ただ生存しているだけという患者も多々いるからだ。

親族なども、もう延命は望んでいないという場合であっても、日本の場合、いったん延命治療を開始すると、それを止めることが法律上なかなか難しいのだ。

「自力で生きることができなくなったら、無理な延命治療はしない」

これが先進国ではスタンダードとなっている。日本がこの世界標準の方針を採り入れるだけで、医療費は大幅に削減できるはずだ。

なぜ日本がそれをしないかというと、この延命治療で儲かっている開業医が多々いるからだ。そういう開業医たちが圧力をかけ、現状の終末医療をなかなか変更させないのだ。

その一方で開業医は、なかなかＩＣＵ（集中治療室）などはつくろうとしない。

ＩＣＵ（集中治療室）は設備費用や人件費がかかる上に儲けは少ない、しかも来るのは救急患者、重症患者ばかりなので大変だからだ。

そのため日本の医療では「病床は世界一多いのに、ＩＣＵ（集中治療室）は先進国で最低レベル」といういびつな形になっているのだ。

生活保護を食い物にする病院たち

また日本の医療機関は、生活保護を食い物にして稼いでいる実態がある。

生活保護費というと、「貧困者の生活費」というイメージがある。しかしこの生活保護費のうち、半分以上は医療機関などに渡っているのだ。生活保護関連費約4兆円のうちの約2兆円は医療費になっているのだ。

これは異常なことである。

生活保護費の半分が医療費ということは、家庭の支出の半分が医療費と同じことである。

確かに生活保護受給者の中には、病人や身体に障害がある人も多い（病気や障害を理由に生活保護を受けている人は約3割程度）。だから普通の家庭よりも医療費が若干、高めになることは考えられる。しかし、いくら高めになるといっても、生活費の支出の半分が医療費になるなどは常識では考えられない。この数値は、作為的に医療費が跳ね上がっているとしかいいようがないのである。

なぜ医療費がこれほど跳ね上がったのか？

それは生活保護のシステムが大きく関係している。

生活保護受給者の医療費というのは、全額が生活保護費から支給される。

医療機関にとってみれば、請求すればした分だけ、自治体が払ってくれるということだ。受給者にとってもまったく負担感はない。だから、どれだけ診療費がかかろうとお構いなしである。

病院側としては、生活保護の受給者が受診しにくれれば、お金の取りっぱぐれはまったくない。むしろ病院としては上客といえる。

そのため生活保護の受給者に対して、過剰な診療を施して、多額の診療報酬を得る悪徳病院もかなりあるとされている。

生活保護の受給者が受診できる病院というのは、生活保護指定病院だけである。

生活保護指定病院というのは、役所があらかじめ指定し、生活保護受給者に「この病院に行きなさい」と通知した病院である。大きな病院の多くはこの生活保護指定病院となっているが、小さな医院や歯科医などは指定を受けていないこともある。

以前は生活保護者が受診に来るのを嫌がって、生活保護指定病院にならない病院もあったが、昨今は人口減により患者が減っているので、積極的に指定病院になっているケースが多いという。

現在、生活保護の指定病院になるための明確な基準はなく、病院側が申請すれば事実上、すべて指定されている。

そして前述したように、これらの指定病院の中には、過剰に診療報酬を得ているものもあるのだ。

少し古いデータになるが2012年3月の厚生労働省の発表によると、生活保護受給者が必要以上に病院に通院する**「過剰受診」**は全国で3816人だったという。これは明るみになったケースだけであり、実際はその数倍はあると見られている。

そしてこれが自治体の財政上の問題ともなっている。

開業医の子供ばかり医者になる

このような「開業医」への超優遇政策のため、開業医の子供の多くは医者になろうとする。

だから日本の医学部の学生の約30％は、親が医師なのである。

「開業医の子供はだいたい医師になる」

という図式が数字の上でも表れている。

しかも開業医の子供は「優秀な子」はそれほどいない。それもデータにも表れているのだ。

というのも親が開業医をしている医学部学生の約半数が私大の医学部である。親が開業医以外の医学生の場合、国公立大学が80％を超えているので、「開業医の子供が私大の医学部に入る割合」は異常に高いことになる。

学力の偏差値でいうと、国公立大学のほうが私大よりも平均するとかなり高くなっている。私大の医学部でも偏差値が非常に高いところもあるが、全体をならせば国公立のほうがかなり高いことになる。

私大の医学部というのは、6年間で3000万円以上かかるとも言われ、金持ちじゃないと行けない学校でもある。

「開業医の子供が金を積んで医者になる」という図式も明確に表れているわけだ。

病院は多いのに医者は少ない理由

日本が世界でもっとも病院が多いことは前述したが、その一方で医者の数は先進国で最低レベルなのである。

OECDの統計発表によると、日本の医師数は1000人あたり2・4人である。OECD加盟国全体の平均は3・5人であり、日本は平均値よりかなり少ない。また日本はOECD36か国の中で32番目であり、つまり下から5番目なのである。

「病院の数は世界一多いのに医者の数は先進国で最低レベル」というわけだ。

そして、この原因も「開業医優遇」のためなのである。

「医者の数が多くなれば開業医の所得シェアが下がる」

というわけだ。

これまで日本医師会は医学部の新設に強硬に反対してきた。その理由は「少子高齢化によって、いずれ医者が余るようになるから」だということである。

本来、医者が余れば無能な医者が淘汰されればいいだけの話である。実際に、ほかの業種ではそういう健全な競争が行われているのだ。

しかし、そういう競争が行われた場合、金の力で医者になった開業医のバカ息子たちが一番に淘汰されるのは目に見えているので、日本医師会は頑強に反対しているのだ。

まったく**自分たちの利益のことしか考えていない団体**なのである。

そして厚生労働省も日本医師会の圧力に屈している。日本医師会は政治家に圧力をかけるので、厚生労働省も政治家には逆らえないのだ。

だから医者が少ないのがわかっていながら、医学部の新設がなかなか認められず、医学部の定員もなかなか増えないのだ。

もちろん困るのは国民である。

精神病院という税金喰い

日本の医療において、「開業医が多いこと」よりも恐ろしいのが「精神病院が多いこと」である。

あまり知られていないが、日本は世界の中で精神病院が異常に多い国なのである。しかも「入院型」の病院が多いのだ。

日本に精神病患者がそれだけ多いというわけではない。世界全体が精神病の治療を「入院型」から、「通院型」へ切り替えているのに、日本だけが「入院型」の治療をつづけているからである。

しかもその要因が**「税金利権」**なのである。

日本の精神科の病床は33万1700床にのぼり、日本の病床のうち、21・3%は精神科の病床なのである（2017年10月時点）。

これは世界的に見て異常な多さなのだ。

ＯＥＣＤの中で人口１０００人あたりの精神科ベッド数は、日本が２・６床で断トツの１位なのだ。２位のベルギーは１・４床なので、ダブルスコアに近い差がある。

そしてＯＥＣＤの平均は、０・７床しかない。つまり日本はＯＥＣＤ諸国の平均よりも、３・５倍の精神科病床を抱えているのである。日本の精神科の病床は、なんと世界全体の精神科病床の５分の１を占めているのだ。

そして日本の精神科病床には、もう一つ大きな特徴がある。

それは、民間の病院が非常に多いということである。精神科病床のうち、７割が民間の精神科病院のものなのである。ＯＥＣＤ諸国の精神科病床のほとんどは公的病院なので、日本のそれは明らかに異常なのだ。

「民間の精神科病床が多い」

ということは、日本では**「精神科の病床が儲かる」**ということである。

もし精神科の病床が儲からないのであれば、民間の精神科の病床がこれほど多くなるはずがないからだ。

精神科の病床というのは、世界的に見ると１９６０年代から急激に減少し始めた。薬物治療の発達などで、これまで入院隔離が主流だったものから通院治療、社会復帰が主流となっていったからだ。

しかし、日本では逆に1960年代以降、精神科の病床が増えている。

それはなぜだろうか?

日本は戦前から1950年代まで結核大国であり民間の結核療養所が多々あった。結核は感染症であり、戦前は不治の病とされた。発病してから死ぬまでの間に、隔離療養する施設が必要だったのだ。が、戦後は抗生物質による治療法が普及し、ほとんどの人が完治するようになったため、療養施設の必要性がなくなった。

その大量の療養施設が、精神科に衣替えしたのである。

そして、その大量の日本の精神科病院は、世界の国々が精神科の治療を通院治療に切り替えてからも、たくさんの病床を抱え、入院治療を継続しつづけてきた。

それは、民間の精神科病院の既得権益を守るためである。

「国民の健康よりも、民間病院の権益を優先する」

それが、日本の医療の根本姿勢なのである。

なぜ精神病院は儲かるのか?

日本の精神病院が異常に多いのは、精神病院が儲かるからである。

まず精神病の患者からは、確実に治療費が取れる。

生活保護受給者から治療費のとりっぱぐれがないと前述したが、精神病患者にも同様のことがいえるのだ。

精神病の治療も社会保険が適用されるので、患者の自己負担は3割である。が、精神病の場合、自治体が患者の自己負担分を補助しているケースが多いので、患者の負担はゼロになっていることが多いのだ。

また精神病で入院するような患者の場合、精神障害者として認定されることも多く、障害年金を受け取ることもできる。障害年金から治療費が支払われるということである。実際、障害年金の受給者の約3割は、精神病の患者なのである。

もともと精神医療というもの自体も儲けやすい仕組みになっている。

精神科の入院点数は、一般の科の入院点数の約半分である。だから、一人ひとりの入院患者から得る収入というのは、一般の病院よりも少ない。

しかし精神病院の入院患者というのは、あまり手がかからない。普通に生活できる人がほとんどなので、医師や看護師の数は少なくても大丈夫なのである。

しかも、ほかの病気のように、検査や治療のための設備もほとんど必要ない。

つまり、**「元手がかからない」**のである。建物さえつくっておけば、後はお金が入ってくるだけである。

このようにして精神病院は儲かっているのだ。

が、我々が見過ごしてはならないのは、精神病院の儲けというのは、我々の払った税金や社会保険料で賄われていることである。

国の歳出のうち、もっとも大きいのが医療費であることは前述したが、その医療費の大きな部分を精神病院が分捕《ぶんど》っているのだ。

日本に集中治療室が少ないのも、PCR検査体制が途上国よりも遅れていたのも、この精神病院の巨大な利権が影響しているのである。

精神病患者は「簡単につくる」ことができる

「精神病患者が多いと言っても医者が病気を勝手につくれるものではないし、本当に病気だったら仕方がないではないか？」

と思う人もいるだろう。

しかし、普通の人は信じられないことかもしれないが、実は精神疾患かどうかを科学的に判別する方法は、「まだない」のである。

重度の精神疾患である「統合失調症」や「鬱《うつ》病」でも、その病状が数値で表れるわけではないのだ。脳や身体に特別な異常数値が見られるわけではなく、その人の行動や言動などから、「医者が判断するしかない」のである。

だから逆に言えば「精神疾患」かどうかということを客観的に示す証拠はなく、医者が診断さえすれば、「精神疾患」ということになるのだ。

非常にわかりやすい例が、埼玉で連続幼女誘拐殺人を起こした宮崎勤死刑囚のケースである。

この事件の裁判では、精神科医三名による精神鑑定が行われたが、それぞれ違う診断を下した。「統合失調症」「解離性同一性障害」と病名さえ違う診断が下されたのだ。

もちろん、三人とも日本で有数の名医とされる人たちである。三人の名医たちがそれぞれ違う診断を下したということは、精神疾患は、非常に曖昧な基準の病気なのである。

だから「病気でもないのに、病気だと診断し強制的に長期入院させる」ことは、まったく可能なのである。

精神病院の危ないビジネス・スキーム

しかも精神病院というのは、さらに危ないビジネス・スキームをもっている。

「一人の患者を長く入院させることで治療費を稼ぐ」ということである。

精神科の平均入院日数は267・7日である。

一般病床の平均入院日数が16・2日なので、その差は歴然である。日本の精神科治療というものが、明らかに「長期入院」を主軸にしたものだとわかる。

精神科にはうつ病などでちょっと短期間入院するという人も多く、そういう人たちは1

か月程度で退院することになる。

なのに、なぜ精神科の平均入院日数が267・7日にも及んでいるのかというと、何年にも渡って精神科に長期隔離入院させられている患者が多いからである。

先進国で、このような長期入院を主体とした治療を行っているところはない。日本は完全に世界から遅れているのである。

そして、この長期入院には実は非常に**「危ない事象」**が絡んでいる。

精神病院への入院というのは、自分自身が希望して入院するケースだけではない。

精神病院へ入院する場合、次の三つのケースがある。

- **任意入院**
- **医療保護入院**
- **措置入院**

このうち患者が自らの意志で入院するケースというのは、任意入院だけである。

措置入院というのは、自傷や他害の恐れがある患者に対して、指定された医者二名以上の診察によって緊急的になされる入院のことである。このケースはさほど多くはない。

そして医療保護入院というのは、指定された医者が入院の必要を認め、家族のだれかの同意を得れば、本人の同意を得なくても入院させられるというものである。これは極端な話、医者と家族が結託すれば、まったく病気でもない人を入院させることもできるのだ。実際に、そういう事件もあったのだ。

しかも恐ろしいことに精神病院に入院している患者のうち、45％が医療保護入院なのだ（2014年時点）。実に精神病院の入院患者の半数近くが自分の意に反した入院なのである。

そして長期入院患者の多くも、医療保護入院なのである。

つまり本人の同意を得ずして、強制的に長期入院させられているケースが非常に多いのだ。

もし、どうしても治療が必要のために長期入院を余儀なくされているのであれば、それは仕方ないことである。

が、前述したように精神病の治療というのは、先進国では長期入院治療をやめてから、もう半世紀にもなるのだ。世界の医療の流れとして精神病の治療の大半には、長期入院は必要ないのである。

にもかかわらず日本では、強制的な長期隔離入院が平然と行われているのだ。

医療保護入院の場合、家族の同意が必要なので、家族が同意していることになる。

しかし家族の場合、病院から「まだ入院が必要です」と言われれば、よほどのことがない限り無理に退院させたりはしない。つまりは、いったん医療保護入院にしてしまえば、その後は病院の言いなりで長期入院させることができるのだ。

精神病院の悪徳ビジネスが国民全体の生活を苦しくする

「現代の日本でそんなことがありえるはずがない」

と思う人もいるだろう。筆者もそう願いたいほどである。

が、現実には我々が思っているより、ずっとひどいことが精神病院では行われているのだ。

たとえば、2020年1月に東洋経済オンラインで配信された「精神病院に4年閉じ込められた彼女の壮絶体験」というネット記事がある。

その内容は次のようなものである。

ある女性（記事中では本名記載）が離婚で子供と引き離されたことにより、うつ状態になった。その後、児童相談所に預けられていた子供が死亡するなどもあり、精神安定剤を大量服用してしまった。そこで家族の同意を得て、医療保護入院させられることになった。

普通の感覚で言えば、離婚や子供の死によるショックで精神的に参ってしまったんだろう、ということになる。

しかし、この女性は信じがたいことに、その後4年間も精神病院に入院させられたのである。家族も早くから退院を希望していたが、面会に行った妹は医者から「お姉さんの入院は社会的制裁です。退院するとあなたや社会に迷惑をかけることになる。市役所も児童相談所もこれに同意しています」と告げられた。そういわれると、妹としてもそれ以上どうすればいいのかわからないだろう。

この女性は最終的に弁護士に助けを求めることで、退院することができた。記事の中で、退院の手助けをした弁護士は「このようなひどいケースに携わったのは初めて。でもごまんとあるケース」と述べている。

精神病院の医療保護入院に関しては、弁護士団体などが救済のために活動しているが、医者が「治療」を楯にしていろいろ言い逃れをし、患者と会うこともままならないので、なかなか救済できないという。

筆者も、精神病院で勤務していた人に数年前、話を聞いたことがある。

それは、**信じがたいもの**だった。

精神病院には、数十年も入院しているという患者がたくさんいる。そういう患者は、医者や看護師に対してロボットのように従順な場合が多いという。入院しはじめのころは、反抗的な態度をとる患者も多いが、薬の影響などからだんだん従順になっていく。

そして精神病院には、保護室という牢屋のような場所がある。扉は外からカギをかけられ、窓には鉄格子がある。テレビや収納などは一切なく、それどころかベッドもなく、床にじかに布団が敷かれている。その部屋の中に敷居やついたてさえない、むき出しのトイレがあり、付近にトイレットペーパーが転がっている。

その部屋は、自殺の危険がある人や暴れる危険がある人を一時的に隔離するという名目の部屋である。が、実際には、医者や看護師の言うことを聞かない患者を懲罰的に入れることも多かったという。長期入院患者が従順になるのは、このためでもあると思われる。

現代の病院において、このような施設があるとは非常な驚きだった。

しかも知人の務めていた病院は、日本で「進んでいる」とされている病院だったのである。

もし、「そんなことはありえない」と思った方は、「精神病院」「保護室」で検索してみてほしい。現在、使用されている保護室の写真が出てくるはずだ。

この保護室の存在こそが、日本の精神病院の汚いビジネス・スキームを象徴しているものであり、近代国家としては絶対にあってはならないものなのである。

そして繰り返すが、これらのことはすべて我々の税金を大量につぎ込んで行われているのである。

精神病院の問題というと、ルポルタージュの本などで追及される、我々とは少し縁遠い「社会問題」というイメージがあるが、決してそうではない。精神病院の問題は、我々の税金が無駄に浪費されている**「税金問題」**なのである。

精神病院の危ないビジネス・スキームは、精神病患者を虐げているだけではなく、我々の生活を苦しくさせている原因ともなっているのだ。

第6章

少子高齢化は人災である

「少子高齢化は人災である」

昨今、日本は急激な少子高齢化に見舞われている。

先日の厚生労働省の発表では、出生数は86・5万人であり、過去最少を4年連続で更新している。

この急激な少子高齢化は、「日本人のライフスタイルが変わったから起きた」と思っている人が多いかもしれない。

しかし、それは誤解である。

確かに日本人のライフスタイルが変わったことにより、晩婚化や少子化となった。が、これほど急激な少子高齢化が起きたのは、政治の失策が大きな原因となっているのだ。具体的に言えば、税金の取り方、使い方が滅茶苦茶だったから、少子高齢化になったのである。

ここ20~30年の政治というのは、**わざわざ少子高齢化を招いている**としかいいようがないほどお粗末なものなのだ。

実は少子化という現象は、日本だけのものではない。

「女性の高学歴化が進んだ社会は少子化になる」

ということは、かなり前から欧米のデータで明らかになっていた。

そして欧米では、日本よりもかなり以前から少子高齢化の傾向が見られていた。

日本の少子化というのは1970年代後半から始まっているが、欧米ではそのときにはすでにかなり深刻な少子化となっていた。

そして1975年くらいまでは、欧米のほうが日本よりも出生率は低かったのだ。

つまり40年以上前から少子高齢化というのは、先進国共通の悩みだったのである。

が、その後の40年が日本と欧米ではまったく違う。

この40年の間、欧米諸国は子育て環境を整えるなどで、少子化の進行を食い止めてきた。

欧米諸国のほとんどは、1970年代の出生率のレベルを維持してきたのである。

だから、日本ほど深刻な少子高齢化にはなっていない。

1975年の時点で、日本の出生率はまだ2を少し上回っていた。

フランスは日本より若干高いくらいだったが、イギリスもアメリカもドイツも日本より低く、すでに出生率が2を下回っていたのだ。

しかしフランス、イギリス、アメリカは大きく出生率が下がることはなく、現在は出生率は2に近くなっている。

一方、日本は70年代から急激に出生率が下がりつづけ、現在は1・4にまで低下している。

もちろん出生率が2に近いのと、1・4とでは、少子高齢化のスピードがまったく違う。

なぜ先進国の間でこれほどの差がついたかというと、日本はこの40年の間に子育てを支援するどころか、わざわざ少子高齢化を招き寄せるような失政をしてきたからだ。

これまで述べてきたように、政治家の関係事業者に多額の公共事業を発注したり、官僚の天下り先の企業に巨額の税金を投じたりしてきた。

その一方で、待機児童問題が20年以上も解決されなかったり、国公立大学の授業料を40倍にしたり、子育て世代に大増税を課すなどの愚行を繰り広げてきたのだ。

その愚行の主なものをご紹介していきたいと思う。

非正規雇用の増大が少子化を加速させた

まず少子化の大きな要因となっているのは、非正規雇用者の増大である。

90年代の後半から2000年代にかけて、日本は労働政策を大きく転換し、非正規雇用を増やした。

1999年には、労働者派遣法を改正している。

それまで26業種に限定されていた派遣労働可能業種を、一部の業種を除外して全面解禁したのだ。

2004年、小泉政権の時代にはさらに派遣法を改正し、1999年改正では除外となっていた製造業も解禁された。

これで、ほとんどの産業で派遣労働が可能になったのである。

派遣法の改正が非正規雇用を増やしたことは、データにもはっきり出ている。90年代半ばまでは20％程度だった非正規雇用の割合が、98年から急激に上昇し、現在では35％を超えている。

なぜ非正規雇用がこれほど増えたのかというと、大企業でつくられた経済団体が政府に働きかけて、「非正規雇用を増やせるように」法改正をさせたのだ。

この非正規雇用の増大は、**日本男性の非婚化を促進**している。

正規雇用の男性の既婚者は4割だが、非正規雇用の男性の既婚者は1割しかいない。

このデータを見れば、日本社会の現状として、「非正規雇用の男性は事実上、結婚できない」ということである。

現在、非正規雇用の男性は、500万人以上いる。

10年前よりも200万人も増加しているのだ。つまり結婚できない男性が、この10年間で200万人増加したのである。

消費税は子育て世代がもっとも負担が大きい

みなさんに認識していただきたいのが、**「消費税は子育て世代がもっとも負担が大きい」**ということである。

消費税というのは、収入における消費割合が高い人ほど、負担率は大きくなる。つまり貯蓄や投資をする余裕のない人ほど、収入に対する負担割合が大きくなる税金なのだ。

たとえば収入の100%を消費に充てている人は、収入に対する消費税の負担割合は10%ということになる。

が、収入の25%しか消費していない人は、収入に対する消費税の負担割合は2・5%でいいことになる。

収入に対する消費割合が低い人というのは、高額所得者や投資家である。

彼らは収入を全部消費せずに、貯蓄や投資に回す余裕があるからである。こういう人たちは、収入に対する消費税負担割合は非常に低くなる。

では、収入における消費割合が高い人とはどういう人かというと、所得が低い人や子育て世代ということになる。

人生のうちでもっとも消費が大きい時期というのは、大半の人が「子供を育てている時期」のはずだ。

そういう人たちは、必然的に収入に対する消費割合は高くなる。

ということは、子育て世代や所得の低い人たちが収入に対する消費税の負担割合がもっとも高くなるのだ。

児童手当は焼け石に水

子育て世帯に対しては、「児童手当を支給しているので負担は軽くなったはず」と主張する識者もいる。

しかし、この論は**まったくの詭弁**である。

児童手当というのは、だいたい一人あたり月1万円、年にして12万円程度である。

その一方で児童手当を受けている子供は、税金の扶養控除が受けられない。

そのため平均的なサラリーマンで、だいたい5〜6万円の増税となる。

それを差し引くと6〜7万円である。つまり児童手当の実質的な支給額というのは、だいたい年間6〜7万円しかないのだ。

しかも子育て世代には、消費税が重くのしかかる。

子供一人にかかる養育費というのは、年間200万円くらいは必要である。

食費やおやつ、洋服代、学用品などの必需品だけでも平均で200万円くらいにはなるはずだ。ちょっと遊びに行ったり、ちょっとした習い事などをすれば、すぐに200〜

３００万円になる。

子供の養育費が２００万円だとしても、負担する消費税額は20万円である。

児童手当での実質的収入は６～７万円なので、まったく足りないのだ。

つまり子育て世代にとって、児童手当よりも増税額のほうがはるかに大きいのだ。

少子高齢化を食い止めるためには、子育てがしやすいように「支給」しなければならないはずなのに、むしろ**「搾取」**しているのだ。

子育て世代への大増税

また子育て世代からの搾取は、消費税だけではない。

政府はこの40年の間、子育て世代に大増税を何度か行っている。

その代表的なものが、「配偶者特別控除」の廃止である。

「配偶者特別控除」というのは、「年収１０００万円以下の人で、配偶者に収入がない場合は税金を割引します」という制度だった。

それが平成16年に廃止されたのだ。

この「配偶者特別控除」の廃止でもっとも大きな打撃を受けたのは、**「所得の低い子育て家庭」**だったのである。

配偶者特別控除を受けている家庭というのは、低所得者が非常に多かったのだ。働いているのは夫だけであり、妻はパートしても微々たる収入しか得られない、でも子供もいて養育費がかかる、そういう家庭がこの「配偶者特別控除」を受けていたのである。

配偶者特別控除を受けていた主婦というのはキャリアもなく、手に職もなく、また働きたくても子供に手がかかったりして働けない。せいぜい近所のスーパーでパートをする程度。夫の給料だけで、なんとかやっていかなければならない、そういう人が多かった。

子供が小さくて妻が働きに出られない家庭などにとって、配偶者特別控除の廃止は大きな打撃だった。この制度が廃止されたために少ない人でも、だいたい4～5万円の増税となったのだ。

子供が小さい家庭に4～5万円もの増税をするなどというのは、少子高齢化の国は絶対にしてはならないことである。

「配偶者特別控除の廃止」は、**少子高齢化が人災だった**ことの象徴でもある。

現在も「配偶者特別控除」という名称の所得控除はあるが、これは平成16年以前のものとはまったく別のものだ。現在の「配偶者特別控除」は、一定以上の稼ぎがあって配偶者控除を受けられない人が、ある程度の控除を受けられるという制度である。配偶者控除を補完するための制度に過ぎない。

平成16年以前の配偶者特別控除というのは配偶者控除とは別だったので、「配偶者控除」「配偶者特別控除」はダブルで受けられたのだ。

この配偶者特別控除が廃止されたのも小泉政権の時代であり、竹中平蔵氏が経済政策を行っていた時期のことである。

なぜ待機児童問題は20年以上解決されないのか？

この40年間、子育て世代は税金の負担増だけじゃなく、さまざまな負担がのしかかっている。

その代表的なものが、待機児童問題である。

この待機児童問題は最近でもよく話題に上がるが、問題として認識されたのは1990年代なのだ。

実に20年以上、解決されていないのである。

90年代のバブル崩壊以降、サラリーマンの給料が減ったために、主婦が働きに出るケースが激増した。

現在、夫婦共働きというのは普通のことであり、専業主婦のほうが珍しい。ところが、1990年代前半までは「共働きの家庭」よりも「専業主婦のいる家庭」のほうが多かったのだ。

当然、90年代の後半以降、保育所の需要が増えたわけだが、保育所がなかなか新設されないため保育所に入れない待機児童が激増し、社会問題となった。

この待機児童問題は、実はいかにも「現代日本」らしいというか、現代日本社会の弊害が如実に表れたものなのである。

待機児童問題というのは解決しようと思えば、まったく簡単なのだ。

待機児童問題を解消するには、待機児童の数は2万人前後である。一人あたりに100万円かけたとしても200億円程度で済む。

日本の国家予算は現在100兆円の規模があるので、わずか0・02%である。

まったく他愛もなく解決するはずだ。

にもかかわらず、なぜ20年間も解決しなかったかというと、保育業界が強力に反対してきたからなのだ。

「今後少子化が進めば子供の数が減るから、保育所の数をこれ以上増やすな」

ということで保育業界全体が待機児童問題の解決を阻止してきたのだ。

保育所の経営者たちは、自民党の支持母体となっている。

民間の保育所には、莫大な税金が投入されている。たとえば0歳児を一人預かれば、毎月20万円以上の補助金がもらえるのだ。一番安い3歳〜5歳児でも7万円前後がもらえる。児童を30〜40人も抱えていれば、毎月数百万円の収入になるのだ。

民間の保育所の経営者というのは地主であったり、寺社であったりなど、その地域の有力者である場合が多い。

そして民間保育所というのは、社会福祉法人という形態になっている。

この社会福祉法人というのは、税制上、さまざまな優遇措置を受け、補助金も投入されているにもかかわらず、内部の経理関係は不透明になっている。外部からの監査や指導が、ほとんどないからである。

彼らは自分の広い土地に保育所をつくり、税金もほとんど払わず、補助金をがっぽりもらって潤いつづけてきたのである。

また報酬なども、理事長の意向で決められる。

保育士を安い給料でこき使い、自分は多額の報酬を受け取るということも多い。明確なデータはないが、民間保育園の理事長の報酬の平均は1000万円を超えているのではないかという見方もある。

そして人事権、運営権などは事実上、設立者の手に委ねられている。

だから民間保育所を設立した人が一族郎党を職員として雇い、理事長は代々その一族が引き継いでいるというケースも非常に多い。実際に民間の保育所の理事長には、2代目、3代目はざらにいるのである。

「既得権益」の典型的な例だといえる。

このように民間の認可保育所というのは非常にボロい商売なのだが、経営者たちにとって一番の悩みは**「新規参入」**なのである。

少子高齢化が進み、この先、子供の数は減るばかりである。もし公立の保育所や認可保育所が増えれば、将来を脅かされる。

そのため、いくら待機児童が増えようが、新規参入を必死に阻止しているのだ。

つまり待機児童問題というのは、予算不足の問題などではなく、既得権益問題なのである。保育園を経営する地域の有力者たちが自分の既得権益を守るために、待機児童問題の解決を阻止しているのだ。

そのために、たかだか２００億円もあれば解決する待機児童問題が20年以上も解決されず、現代も大きな社会問題として残っているのだ。

国公立大学の授業料は40倍に高騰

さらに悲しい事実を紹介しなければならない。

信じられないことに、この40年間で、日本政府は国公立大学の授業料を大幅に値上げしているのだ。

あまり世間で注目されることはないが、現在、日本の国公立大学の授業料は実質的に世界一高いのだ。

日本の国公立大学の授業料は、入学金その他を合わせて年80万円程度である。

これはイギリス、アメリカと並んで世界でもっとも高い部類になる。

が、イギリス、アメリカは奨学金制度が充実しており、学生の実質的な負担はこれよりかなり小さい。

日本は奨学金制度は非常にお粗末で英米とは比較にならない。

だから実質の学生の負担としては、日本が世界一高いといっていいのだ。

そのため日本の大学生の半数に近い90万人が、奨学金とは名ばかりの利子付きの学生ローンを背負わされている。


そして日本の大学の授業料がこれほど高くなったのは、80年代後半から2000年代にかけてなのだ。

つまり、ちょうど少子高齢化が社会問題化したころに、大学授業料の大幅な引き上げが行われているのだ。

国立大学の授業料は、昭和50年には年間3万6000円だった。

しかし平成元年には33万9600円となり、平成17年からは53万5800円にまで高騰している。

なぜこれほど高騰したかというと、表向きの理由は、「財政悪化」である。

「少子高齢化で社会保障費がかさみ、財政が悪化したために各所の予算が削られた。その一環として、大学の授業料が大幅に値上げされた」

というのだ。

しかし、これまでさんざん述べてきたように、日本は90年代に狂ったように公共投資を濫発《らんぱつ》している。

また80年代から2000年代にかけて歳出規模も大幅に拡大している。

そして大企業や高額所得者には、大減税を行っている。大企業への補助金も莫大なものである。

2000年代、自動車業界に支出されたエコカー補助金は1兆円に近いものだった。

その一方で、国公立大学の学費は激増しているのだ。

日本は、少子化が進んでいて急減している就学世代への予算を削り、愚にもつかない公共投資に巨額の浪費をしてきたのだ。

「米百俵の精神」と真逆だった小泉内閣

小泉純一郎氏は、2001年に首相に就任したときに、所信表明演説の最後に「米百俵の精神」を説いた。

「米百俵の精神」というのは、明治維新直後の長岡藩で藩士たちの生活が困窮したために米百俵が届けられたが、当時の指導者は、この米百俵を藩士に支給せずに売却し、学校をつくったという話である。

小泉純一郎氏はこの話を引用し、将来の日本のために今の苦しい生活を我慢して欲しいと国民に訴えた。

が、この米百俵の精神で教育の大切さを説いていた小泉純一郎氏は、首相在任中に国公立大学の授業料を2倍近く引き上げているのである。

また先にご紹介した「配偶者特別控除」を廃止したのも、小泉内閣だった。

小泉内閣は、何度も触れたように竹中平蔵氏が経済政策を一手に引き受けていた。

この小泉内閣は大学授業料を引き上げたりする一方で、投資家の税金を所得税、住民税を合わせて10％にするという、先進国では例を見ない投資家優遇税制を敷いた。

その結果、株価は上昇し、数値の上では景気はよくなったように見えたが、国民生活はどんどん悪くなっていったのだ。


公益法人「1more Baby 応援団」の既婚男女3000名に対する2018年のアンケート調査では、子供が二人以上欲しいと答えた人は全体の約7割にも達している。

しかし74・3％の人が**「二人目の壁」**が存在すると回答しているのだ。

「二人目の壁」とは、子供が一人いる夫婦が本当は二人目が欲しいけれど、経済的な理由などで二人目をつくることができないということである。

この「二人目の壁」をつくってきたのは間違いなく、この国の愚かな政治家たちだったのだ。


日本という国は、現在でも世界有数の金持ち国である。

バブル崩壊後も決して日本経済は悪くなく、国民一人あたりの外貨準備高は断トツの世界一、国民純資産（資産から負債を差し引いた金額）も同じく断トツの世界一。

そして日本企業も、断トツ世界一の利益準備金を保有しているし（人口比換算）、億万長者（100万ドル以上の資産保有者）の割合も世界一なのだ。

実質的に世界一の金持ち国と言っていい。

にもかかわらず、若い夫婦がたった二人の子供を育てることさえできないのだ。

今の日本という国ではいかに富が偏在しているか、いかに必要な人にお金が回っていないかということである。

日本がこれだけ富を集めているのに、若い夫婦がたった二人の子供さえ持てない社会となっていることは、**世界的な大恥**なのである。

あとがき

今の日本が抱えている問題は、二階氏や竹中氏がいなくなれば済むという話ではない。もし彼らがいなくなっても、日本中に小二階、小竹中は腐るほどいるのである。また政権与党が代われば、解決できるというものでもない。野党の議員も利権絡みの者は多いし、実際、パソナには野党の大物議員も関係しているのだ。

この問題は、日本社会の構造的、根本的な問題なのである。

日本の政治、行政、社会全体の構造を見直し、大きな改革をする必要がある。二階氏や竹中氏のような人物が二度と国の中枢を担うことがない政治システムに、つくり直さなければならないのだ。

日本の公的な人たち（政治家や官僚など）の待遇というのは、表面的には決して良くない。むしろ先進国の中では低いレベルのほうである。だから建前の上では、政治家や官僚は**「安い報酬で頑張っている」**ということになっている。

しかしその代償のようにして彼らは日本社会全体に利権を張りめぐらせ、裏側でめちゃくちゃな暴利を貪っている。

そういう二面構造が日本社会全体に多大なロスを生じさせ、巨額の税金を空費させているのだ。そして公的部門に優秀な人材が集まらず、「裏工作が得意な人間ばかりが幅を利かせる」という弊害を生んでいるのだ。

この二面構造はもう廃さなければならない。政治家や官僚に、それなりの待遇を与え、正々堂々とその待遇に応じた立派な仕事をしてもらう。その代わり、不正じみた行為（疑われる行為も含め）は一切許さない。そういう仕組みが必要だと思われる。

具体的に言えば、政治家が政治活動に必要な資金はすべて税金から出す。政治資金として認められるものは、すべて国が負担するのだ。政党助成金は廃止し、各政治家に直接支給する（政党助成金制度は、政党内で権力を持つ者が幅を利かせるから）。

その代わり、政治家は、他からの収入を一切受け取ってはいけない。また現在の日本の国会議員の数は多すぎるので、大幅な定数削減も必須である。

そして議員をしている間は私企業や私団体での職務はすべて停止し、報酬も一切受け取らない。メディアに出演したときなども無報酬にするか、出演料は国庫に納める。

そもそも公務員というのは法律により副業が禁止されているのだ。日本の公務員は、どんな薄給のペイペイであっても、職務に専念するという義務があり、副業はしてはならないことになっているのだ。

国会議員などというのは公僕中の公僕であり、最高レベルの**「職務専念義務」**があるはずだ。ペイペイの公務員さえ副業が禁止されているのだから、国会議員は副業など絶対してはならないはずだ。

また現役の国会議員にだけ政治資金を支給すると、ほかの候補者との公平性が保たれないので、一定の得票を獲得した者には、ある程度の政治資金を支給する。

現在の国会議員は「職業」としてあまりに不安定であり、職業としての魅力はない。今の状態では、実社会で本当に活躍している「有能な人」が、国会議員になろうとは思わない。だから、世襲議員やタレント議員、族議員ばかりになってしまうのだ。

国会議員という職業を魅力的なものにし、有能な人材が参入しやすくする。その代わり、利権によって特定の企業、特定の団体と結びつくことは絶対に許さない、ということだ。

また官僚制度についても報酬を大企業基準にして若干、引き上げてもいいだろう。

高級官僚の給料が大企業の社員よりも著しく低ければ、誘惑に陥りやすいし、何より公務員が職業として魅力のないものになるからだ。

その代わり、現在のように入省時の試験の成績がよかっただけで幹部になることが約束されるのではなく、その後の仕事ぶりをきちんと評価される仕組みをつくる。

そしてノンキャリアの人間も仕事ぶりによっては幹部になれるようにし、外部からも中途採用で有能な人を採用し幹部に引き立てる。それは建前上だけそうするのではなく、実際に幹部の半分以上を外部からの人員やノンキャリア官僚に与え、キャリア官僚の支配構造を壊す。キャリア官僚の早期退職慣例も即刻やめさせ、定年まで勤めさせる。

国会議員、キャリア官僚、開業医などの中にも、良心があり、現状を憂いている人はいるはずだ。そういう人たちには、勇気をもって改革ののろしを上げてほしい。

そして我々がまずしなければならないことは、**選挙に行くこと**である。

「投票したい人がいない」

「投票したい政党がない」

という気持ちはよくわかる。筆者も同感である。

が、それでも、少しでもましな人、ましな政党を見つけて、投票に行くべきなのだ。

投票率が下がると「組織票」がモノを言うので、**利権政治家の思うつぼ**なのである。投票率を上げて「利権で組織票を集めても無駄」という状況をつくることが、我々の第一の課題なのである。

先進国で最悪の少子化が進行している中、このまま行けば日本は衰退するしかないのだ。国民全体が国の将来について**「人任せにしないで自分たちで考える」**ことをしなければ、日本は本当に滅んでしまうだろう。

最後に、今回も私の思うことを自由に書かせていただいたビジネス社の唐津隆氏をはじめ、本書の制作に尽力いただいた皆様にこの場をお借りして御礼を申し上げます。

２０２０年晩秋

著者

[略歴]

大村大次郎（おおむら・おおじろう）

大阪府出身。元国税調査官。国税局で10年間、主に法人税担当調査官として勤務し、退職後、経営コンサルタント、フリーライターとなる。執筆、ラジオ出演、フジテレビ「マルサ!!」の監修など幅広く活躍中。主な著書に『新型コロナと巨大利権』『まちがいだらけの脱税入門』『税務署対策　最強の教科書』『韓国につける薬』『消費税を払う奴はバカ！』『消費税という巨大権益』『完全図解版　税務署員だけのヒミツの節税術』『ほんとうは恐ろしいお金のしくみ』『相続税を払う奴はバカ！』『お金で読み解く明治維新』『アメリカは世界の平和を許さない』『99％の会社も社員も得をする給料革命』『世界が喰いつくす日本経済』『ブッダはダメ人間だった』『「見えない」税金の恐怖』『完全図解版　あらゆる領収書は経費で落とせる』『税金を払う奴はバカ！』（以上、ビジネス社）、『「金持ち社長」に学ぶ禁断の蓄財術』『あらゆる領収書は経費で落とせる』『税務署員だけのヒミツの節税術』（以上、中公新書ラクレ）、『税務署が嫌がる「税金0円」の裏ワザ』（双葉新書）、『無税生活』（ベスト新書）、『決算書の9割は嘘である』（幻冬舎新書）、『税金の抜け穴』（角川oneテーマ21）など多数。

写真提供／共同通信社・アマナイメージズ

税金ビジネスの正体

2020年11月16日　　第1刷発行

著　者　大村 大次郎

発行者　唐津 隆

発行所　株式会社ビジネス社

〒162-0805　東京都新宿区矢来町114番地 神楽坂高橋ビル5F
電話　03(5227)1602　FAX　03(5227)1603
http://www.business-sha.co.jp

〈装幀〉金子眞枝
〈本文組版〉茂呂田剛（エムアンドケイ）
〈印刷・製本〉中央精版印刷株式会社
〈営業担当〉山口健志
〈編集担当〉本田朋子

ISBN978-4-8284-2230-5

大村大次郎の本

完全図解版 税務署員だけのヒミツの節税術 あらゆる領収書は経費で落とせる【確定申告編】

定価　本体1200円+税
ISBN978-4-8284-2067-7

税務署が教えない裏ワザ満載！

確定拠出年金や医療費控除など会社員も
自営業も確定申告を知らなすぎる！
この裏ワザで誰もが税金を取り戻せます。

まちがいだらけの脱税入門 取扱注意！ これで彼らは捕まった！

定価　本体1300円+税
ISBN978-4-8284-2189-6

税金は正しく逃れよ!
禁!　無断転用、無断使用

チュートリアル徳井さんはきちんと
申告したほうが税金は安かった!?
なぜ小さなたばこ店が
巨額の所得を隠していたのか?

完全図解版 あらゆる領収書は経費で落とせる

定価　本体1200円+税
ISBN978-4-8284-1801-8

経費と領収書のカラクリ最新版！

中小企業経営者、個人事業主は押さえて
おきたい経理部も知らない経費と領収書
の秘密をわかりやすく解説。

税務署員の弱点を衝く！ 税務署対策 最強の教科書

定価　本体1300円+税
ISBN978-4-8284-2153-7

税務署の"手の内"を大公開!

税務署員に騙されるな！
彼らの口車に乗ってはいけない！
税務調査で泣き寝入りしない
裏ワザ、教えます！